U0115905

目　標

新時代中國共產黨的偉大目標

曾憲奎　著

學習貫徹黨的十九大精神系列
叢書編委會

目錄

前言

　　2017年7月，習近平總書記在省部級主要領導幹部「學習習近平總書記重要講話精神，迎接黨的十九大」專題研討班開班式上發表重要講話。講話中強調，黨的十九大是在全面建成小康社會決勝階段、中國特色社會主義發展關鍵時期召開的一次十分重要的大會，能否提出具有全域性、戰略性、前瞻性的行動綱領，事關黨和國家事業繼往開來，事關中國特色社會主義前途命運，事關最廣大人民根本利益。我們黨要明確宣示舉什麼旗、走什麼路、以什麼樣的精神狀態、擔負什麼樣的歷史使命、實現什麼樣的奮鬥目標。

　　為了幫助廣大黨員幹部深入學習習近平總書記重要講話精神，人民日報出版社與中國社會科學院馬克思主義理論創新智庫共同策劃了通俗理論讀物《旗幟》《道路》《精神》《使命》《目標》這套叢書，並約請中國社會科學院馬克思主義研究院鄧純東院長、金民卿副院長等專家作為學術指導。中國社會科學院馬克思主義研究院的賀新元、戴立興、楊靜、苑秀麗、曾憲奎等專家在各自研究成果的基礎上，認

真細緻地完成了五本書的撰寫。寫作過程中，鄧純東院長和金民卿副院長對五本書的寫作提綱和寫作內容給予了悉心指導。

　　書稿完成之際，恰逢黨的十九大勝利召開。本套叢書的編委會和作者根據十九大精神對書稿內容進行了大幅度修改和進一步完善，補充了新的提法和新的精神，並進行了詳細闡述。本套叢書作為馬克思主義中國化時代化大眾化特別是黨建理論的通俗讀物，對中國特色社會主義理論體系和中國特色社會主義道路進行了系統闡述，對黨的發展歷史和黨的精神面貌進行了脈絡梳理，對黨的歷史使命和奮鬥目標進行了深度分析。學習宣傳貫徹黨的十九大精神是當前和今後一段時期全黨全國的首要政治任務，廣大黨員幹部群眾應準確領會把握黨的十九大精神的精髓和要義。本套叢書內容權威、論述全面、語言通俗，能為此提供有益參考。

　　中國特色社會主義進入了新時代。走進這個偉大的時代，是我們這一代人的幸運。不忘初心，牢記使命，在新時代的征程上，我們更要堅定信心，埋頭苦幹，以永不懈怠的精神狀態和一往無前的奮鬥姿態，繼續朝著實現中華民族偉大復興的宏偉目標奮勇前進。

中華民族偉大復興的由來及歷史淵源

習近平總書記在 2017 年 7 月 26 日省部級主要領導幹部「學習習近平總書記重要講話精神，迎接黨的十九大」專題研討班的講話中指出，我們黨要明確宣示舉什麼旗、走什麼路、以什麼樣的精神狀態、擔負什麼樣的歷史使命、實現什麼樣的奮鬥目標。要實現的目標，其實就是中華民族偉大復興的目標。中華民族偉大復興的中國夢是很久以來中國人的夢想，但是只有在中國共產黨的領導下，這個夢想才一步步變成現實。特別是改革開放 40 多年以來，中國在各方面取得長足進步，已經由站起來、富起來向強起來轉變，可以說，我們現在正在走向中華民族偉大復興的光明大道上，而再經過 30 年左右的奮鬥，這一夢想就將初步實現。本章我們將介紹中華民族偉大復興的由來與歷史淵源。

第一節　中華民族偉大復興提法的由來

中華民族的偉大復興是中國人持續了一個世紀的夢想，早在 20 世紀初，孫中山先生就提出「振興中華」的提法[1]，其實質就是要實現中華民族的偉大復興。而在中國共產黨領導下，中華民族偉大復興才真正踏入正軌，在以毛澤東同志為核心的第一代中央領導集體領導下，最終推翻了壓在中國人民身上的「三座大山」，並用大約 30 年的時間建立社會主義政治、經濟、文化體系，為改革開放之後，中國特色社會主義的發展奠定基礎。而改革開放後，中國以經濟建設為中心，經濟突飛猛進，社會主義建設取得全方位進步。

一、孫中山的中華民族復興夢

孫中山作為民主革命的先行者，在辛亥革命前，就把振興中華作為革命的目標。在 1894 年 10 月由孫中山起草的《檀香山興中會章程》中，第一條便開宗明義地提出「是會之設，專為振興中華、維持國體起見……茲特聯絡中外華人，創興是會，以申民志而扶國宗」[2]。顯然，「振興中華、維持國體」是孫中山革命的主要目標，而振興中華在這

---

1 轉引自許維勤：〈鄧小平與中華民族的偉大復興〉，《江淮論壇》2004 年第 4 期。
2 邱久榮：〈試析孫中山的民族主義與民族觀念〉，《中央民族大學學報》1994 年第 1 期。

時期實質就是指他在《興中會盟書》中提到的「驅除韃虜，恢復中國」目標，主要將中華民族的復興奠定在推翻清政府、建立漢族為主體的國家基礎上，顯然，這一目標具有相當的民族狹隘性。實際上，這一時期的革命黨人中，許多人具有這一民族主義傾向，孫中山這一思想具有相當的歷史土壤。但是，孫中山的民族主義絕非種族仇恨主義，而是簡單將中國的積貧積弱歸因於清政府的腐敗統治，同時，在對待當時的不平等條約方面，孫中山在起初傾向於全盤承認相關條約「繼續有效」[1]。可見，早期孫中山的中華民族復興思想，主要集中於推翻清政府統治，而在對待帝國主義壓迫問題上持軟弱的態度，這一主張顯然不能真正實現中華民族復興。後來，孫中山的思想逐步發生轉變。在清政府被推翻、中華民國建立之後，孫中山初步的建國目標已經實現，但是中華民族處於貧窮落後的局面沒有改變，被各國列強壓迫的形勢也繼續維持著。在這種情況下，孫中山對民族復興的觀念有所推進，在與外國列強的關係方面，他強調要廢除治外法權、協定關稅和租界的主張，以便使「中國進入完全獨立國」；在各民族關係方面，他提出「合漢、滿、蒙、回、藏諸地為一國，即合漢、滿、蒙、回、藏族為一人」的主張，以實現「民族之統一」。[2]可見，孫中山在此時已經努力謀求建立一個統一的多民族國家，其主張比之前有所進步，但是整體來看，他依然對帝國主義保持了軟弱的態度，除了主張就部

---

1 李育民：〈近代中華民族復興的理論基點——以孫中山為視角的考察〉，《中國文化研究》2015 年春之卷。

2 李育民：〈近代中華民族復興的理論基點——以孫中山為視角的考察〉，《中國文化研究》2015 年春之卷。

分主權利益與列強「協商」之外，對大多數條約內容他都不主張廢除，這也決定了他建立統一、獨立國家的夢想無法真正實現。

第一次世界大戰之後，孫中山關於中華民族復興思想發生巨大轉變。一戰之後世界新的格局使他意識到，「世界局面一變，潮流所趨，都注重到民族自決」，而「中國尤為世界民族中的最大問題」，需要「迎合現代的潮流」；而對中國的認識，他意識到，中國在很久之前是「世界頭一個強國」，但是列強的壓迫，使中國迅速削弱，「比天然淘汰力還要更快，更容易消滅很大的民族」，在意識到這一問題後，他對中華民族的危機意識迅速增強，強調「如果兼受了政治力和經濟力的壓迫，就很難度過十年」，「有亡國滅種之憂」[1]。在此認識之上，孫中山提出了主張以三民主義為宗旨的《中國國民黨規約》，之後不久又宣佈主張廢除一切不平等條約。他主張通過團結廣大人民來實現民族獨立，「有了四萬萬人的大力量，共同去奮鬥，無論我們民族是處於什麼地位，都可以恢復起來」，而建立的國家不再是之前的「五族共和」，而是「拿漢族來做個中心，使之同化於我，並且給其他民族加入我們組織建國的機會。仿美利堅民族的規模，將漢族改為中華民族，組成一個完全的民族國家」，而「對於國內之弱小民族，政府當扶植之，使之能自治自決」[2]。這樣，孫中山關於民族復興的思想已經成型，從之前狹窄的民族主義革命主張，轉化為反對列強壓迫、建立統一的中華民族國家的主張，整個思想有了質的飛躍。

---

1 轉引自李育民：〈近代中華民族復興的理論基點──以孫中山為視角的考察〉，《中國文化研究》2015 年春之卷。
2 同上。

二、毛澤東的中華民族偉大復興思想

毛澤東同志對中華民族的偉大復興有系統性的思想。雖然,他並沒有直接提出「中華民族偉大復興」這樣的字眼,但是相關詞彙他卻提出過。例如,關於中華民族這個詞,早在1919年8月〈民眾的大聯合〉一文中就提到:「我們中華民族原有偉大的能力⋯⋯他日中華民族的改革,將較任何民族為徹底。中華民族的社會,將較任何民族為光明。中華民族的大聯合,將較任何地域任何民族而先告成功」[1],而此時「中華民族」這個詞剛剛提出不久。同時,毛澤東同志還提出了「復興中國」的概念,1944年12月他在給鄧寶珊的信中提到「只有人民的聯合力量,才能戰勝外寇,復興中國,舍此再無他路」[2],而「復興中國」無疑便是「中華民族偉大復興」的同義詞。

對鴉片戰爭後中華民族的衰弱,毛澤東同志有深刻的認識,特別是對於廣大人民的苦難生活,他更加關注,「尤其是農民,日益貧困化以至大批地破產,他們過著饑寒交迫的和毫無政治權利的生活。中國人民的貧困和不自由的程度,是世界所少見的」。在對造成中華民族衰弱的原因分析上,毛澤東同志指出是兩個因素「把一個獨立的中國變成了一個半殖民地和殖民地的中國」,即封建主義和帝國主義。[3]在中華民族復興路徑上,他提出要先民族獨立解放而後實現繁榮富強

---

1 《毛澤東早期文稿》,湖南出版社1995年版,第393-394頁。
2 轉引自王真:〈論毛澤東對實現民族復興的路徑設計〉,《南京政治學院學報》2013年第6期。
3 轉引自鄭大華:〈論毛澤東的中華民族復興思想〉,《當代中國史研究》2013年第5期。

的主張，具體來說，就是中國的革命進程分為新民主主義革命與建設和社會主義革命與建設兩個階段，第一個階段主要任務便是實現民族獨立解放，後一階段主要任務便是實現繁榮富強。早在 1928 年毛澤東同志就指出：「中國現時確實還是處在資產階級民權革命的階段。中國徹底的民權主義革命的綱領，包括對外推翻帝國主義，求得徹底的民族解放；對內肅清買辦階級在城市的勢力，完成土地革命，消滅鄉村的封建關係，推翻軍閥政府。必定要經過這樣的民權主義革命，方能造成過渡到社會主義的真正基礎。」[1] 在抗日戰爭期間，他進一步提出，「第一個任務就是打倒妨礙生產力發展的舊政治、舊軍事，而我們搞政治、軍事僅僅是為著解放生產力」。[2] 而只有在推翻了封建主義和帝國主義統治，在成立了新中國後，中國才真正進入繁榮富強的階段。毛澤東同志提出了要實現社會主義現代化，把中國建設成為一個社會主義強國，實質就是中華民族復興。在經濟發展具體道路上，毛澤東同志提出，「我們不能走世界各國技術發展的老路，跟在別人後面一步一步地爬行。我們必須打破常規，盡量採用先進技術，在一個不太長的歷史時期內，把中國建設成為一個社會主義的現代化的強國」。[3] 而在具體發展戰略上，毛澤東同志於 1962 年提出「兩步走」戰略構想，「在三年過渡階段之後，我們的工業發展可以按兩步來考慮：第一步，搞十五年，建立一個獨立的完整的工業體系，使中國

1《毛澤東選集》第 1 卷，人民出版社 1991 年版，第 77 頁。

2 轉引自王真：〈論毛澤東對實現民族復興的路徑設計〉，《南京政治學院學報》2013 年第 6 期。

3《毛澤東文集》第 8 卷，人民出版社 1999 年版，第 340-341 頁。

工業大體趕上世界先進水準；第二步，再用十五年，使中國工業接近
世界的先進水準」。[1] 可以看出，毛澤東同志對於中華民族偉大復興已
經有了系統的謀劃，並且對具體實現路徑有了戰略規劃。

關於中華民族偉大復興的主要依靠，在領導力量方面，毛澤東同
志提出了主要依靠中國共產黨的領導，例如在第一次全國代表大會上
他就指出：「領導我們事業的核心力量是中國共產黨。指導我們思想
的理論基礎是馬克思列寧主義」[2]。在社會建設主導力量方面，毛澤東
同志高度強調人民群眾的力量，提出「人民，只有人民，才是創造世
界歷史的動力」[3]，認為只有依靠人民，中華民族才能真正復興。而在
中華民族偉大復興進程中，在處理外部支援和依靠外部力量方面，毛
澤東同志高度強調自力更生的作用，認為自力更生、艱苦奮鬥才是中
華民族實現偉大復興的立足點。

三、改革開放以來中華民族偉大復興的主張

改革開放以來，中華民族偉大復興理論有了進一步發展，使得這
一理論體系根據實踐的不斷發展而更加完善。

鄧小平同志對中華民族偉大復興很早就進行了思考，在 1979 年
他就認為原來設定的在 20 世紀末實現現代化的目標是不可能實現的，
他重新設計了相應的目標體系，用小康社會作為指標替代原來的現代

1《建國以來毛澤東文稿》第 10 冊，中央文獻出版社 1996 年版，第 347 頁。
2《毛澤東文集》第 6 卷，人民出版社 1999 年版，第 350 頁。
3《毛澤東選集》第 3 卷，人民出版社 1991 年版，第 1031 頁。

化指標，並將其稱為中國的現代化。1979年，鄧小平同志在會見日本首相大平正芳時正式提出了小康社會概念。第一次提出這一概念時，小康社會是作為與發達國家的現代化相比較的一個概念，其內涵實質大約相當於中低收入國家生活水準。1984年，鄧小平同志在會見日本首相中曾根康弘時，明確指出：「所謂小康，從國民生產總值來說，就是年人均達到800美元」[1]。按照2000年世界銀行關於高中低收入國家的標準，低收入國家的標準為小於或者等於750美元，而800美元略高於此標準。當然在1984年鄧小平同志提出這一標準的時候，世界銀行關於最低收入國家的標準會更低一些，但是整體來看，800美元的標准就是剛剛脫離低收入水準。1987年10月召開的黨的十三大，提出了「三步走」發展戰略，按照這一戰略，到20世紀末人均GDP要比20世紀90年代初提高一倍，實際要達到1000美元左右；到21世紀中葉達到中等發達國家水準。這個「三步走」戰略實質上就是中華民族偉大復興的戰略。

在實現中華民族偉大復興道路方面，鄧小平同志提出了有中國特色社會主義道路。他指出，「我們的現代化建設，必須從中國的實際出發。無論是革命還是建設，都要注意學習和借鑑外國經驗。但是，照抄照搬別國經驗、別國模式，從來不能得到成功。這方面我們有過不少教訓。把馬克思主義的普遍真理同中國的具體實際結合起來，走自己的道路，建設有中國特色的社會主義，這就是我們總結長期歷史

1《鄧小平文選》第3卷，人民出版社1993年版，第64頁。

經驗得出的基本結論。」[1]而有中國特色社會主義道路，具有兩方面的含義：一是強調以經濟建設為中心，在經濟方面奮起直追，不斷提高人民的物質文化生活，縮小與發達國家的差距。二是中國特色社會主義道路，是社會主義發展道路，追求社會的全面發展進步。中國特色社會主義道路，要強調堅持四項基本原則，不能偏離社會主義方向。在具體發展方面，要強調各方面的共同進步，而不能僅僅關注經濟一個方面。

在中華民族偉大復興的具體實現途徑上，鄧小平同志高度強調改革開放的作用。一方面，高度強調改革的作用，他指出：「社會主義基本制度確立之後，還要從根本上改變束縛生產力發展的經濟體制，建立起充滿生機和活力的社會主義經濟體制，促進生產力的發展，這是改革，所以改革也是解放生產力」[2]，「改革促進了生產力的發展，引起了經濟生活、社會生活、工作方式和精神狀態的一系列深刻變化。改革是社會主義制度的自我完善，在一定的範圍內也發生了某種程度的革命性變革」[3]，這實質上是對改革的高度肯定。另一方面，鄧小平同志高度重視開放。他對過去中國落後的原因進行了總結，指出：「總結歷史經驗，中國長期處於停滯和落後狀態的一個重要原因是閉關自守。經驗證明，關起門來搞建設是不能成功的」[4]，而在開放應該持續的時間上，「對外經濟開放，這不是短期的政策，是個長期的政策，

---

1 轉引自付國輝：〈鄧小平民族復興「中國夢」的構想及其歷史作用〉，《懷化學院學報》2014 年第 8 期。
2《鄧小平文選》（第 3 卷），人民出版社 1993 年版，第 370 頁。
3 同上，第 142 頁。
4《鄧小平文選》（第 3 卷），人民出版社 1993 年版，第 78 頁。

目標

最少五十年到七十年不會變……到那時，更不會改變了。即使是變，也只能變得更加開放」[1]。

第一次正式提出「中華民族偉大復興」概念的是江澤民同志，在1997年的新年茶話會上，他指出，「一個要把有中國特色社會主義事業建設成功，一個要完成祖國統一大業，這是實現中華民族偉大復興的兩個主要標誌」。這反映了黨的第三代中央領導集體對中華民族偉大復興目標的認識，即要實現中國特色社會主義事業的成功。這一時期中華民族偉大復興的理論推進，一方面體現在「三步走」戰略的完善，這主要體現在對「小康社會」這一目標的演變上。1997年召開的十五大儘管沒有特別強調小康社會，但是提出了「使全國人民過上小康生活，並逐步向更高的水準前進」的目標，並對21世紀的前兩個10年以及到21世紀中葉（2049年前後）分別提出了不同的發展目標，其中提出了2010年比2000年要翻一番的目標。2002年召開的十六大指出，已經實現的小康社會是「低水準的、不全面的、發展很不平衡的小康」，提出了「全面建設小康社會」的目標。全面建設小康社會的目標被分解為四個組成部分：經濟及綜合國力的提升；社會主義民主、法制的繼續完善；全民科教文化道德素質的提升及相關體系建設的完善；可持續發展能力的提升。另一方面，高度重視改革開放的繼續推進。在黨的十四大報告中，提出「中國經濟體制改革的目標是建立社會主義市場經濟體制」「使市場在社會主義國家宏觀調控下對資源配置起基礎性作用」。黨的十五大報告中針對經濟體制改革提出了

---

1 同上，第79頁。

幾個戰略：走新型工業化道路、大力實施科教興國戰略和可持續發展戰略；西部大開發戰略；深化國有資產管理體制改革；健全現代市場體系，加強和完善宏觀調控等幾方面。這些相應的發展戰略就是改革內容的細化。

以胡錦濤同志為總書記的黨中央領導集體繼續推進了中華民族偉大復興相關理論。一是繼續完善了小康目標體系。2007 年召開的黨的十七大進一步提出了全面建設小康社會的新目標，在增強發展協調性、加強社會主義民主、加快發展社會事業、建設生態文明四方面提出了更高要求。其中，核心指標的變化是由之前強調 GDP 在 2020 年比 2010 年翻一番，換成了人均 GDP 指標，在人口增長率為正的情況下，指標的細微的變化其實是反映了對經濟發展的更高要求。二是提出了科學發展觀，這其實可以理解成中華民族偉大復興的實現方式。科學發展觀強調「以人為本」，具備全面、協調、可持續的特點，以促進社會和人的全面發展為目標，按照「統籌城鄉發展、統籌區域發展、統籌經濟社會發展、統籌人與自然和諧發展、統籌國內發展和對外開放」的要求推進各項工作。這一理論是中華民族偉大復興理論的一個重要創新。

四、十八大以來中華民族偉大復興思想

黨的十八大以來，以習近平同志為核心的黨中央對中華民族的偉大復興理論更加重視，推進了這一理論向成熟發展。2012 年 11 月 29 日，在參觀《復興之路》展覽時，習近平總書記對中國夢的內涵進行了闡釋，提出「實現中華民族偉大復興，就是中華民族近代以來最偉

大的夢想」，將中國夢和中華民族偉大復興等同起來。2013 年 3 月 17
日習近平總書記在第十二屆全國人民代表大會第一次會議的講話中指
出，「實現中華民族偉大復興的中國夢，就是要實現國家富強、民族
振興、人民幸福，既深深體現了今天中國人的理想，也深深反映了我
們先人們不懈奮鬥追求進步的光榮傳統」。同時，對於中國夢提出了
三個必須：必須走中國道路，即「中國特色社會主義道路」；必須弘
揚中國精神，即「以愛國主義為核心的民族精神，以改革創新為核心
的時代精神」；必須凝聚中國力量，即「中國各族人民大團結的力量」。
這樣，中華民族偉大復興的中國夢相關的內涵和理論框架基本建立。
在中國夢所要實現的目標方面，實質上就是「三步走」戰略的進一步
延伸，即「兩個一百年」。對此，習近平總書記指出，「在新的歷史
時期，中國夢的本質是國家富強、民族振興、人民幸福。我們的奮鬥
目標是，到 2020 年國內生產總值和城鄉居民人均收入在 2010 年基礎
上翻一番，全面建成小康社會。到本世紀中葉，建成富強民主文明和
諧的社會主義現代化國家，實現中華民族偉大復興的中國夢。」[1] 具體
來說，實現中華民族偉大復興中國夢的基本途徑是中國特色社會主義
道路。習近平總書記高度強調中國特色社會主義道路，他指出，「中
國特色社會主義道路是實現中國社會主義現代化的必由之路，是創造
人民美好生活的必由之路」[2]「無論搞革命、搞建設、搞改革，道路問
題都是最根本的問題。30 多年來，我們能夠創造出人類歷史上前無古

---

1 〈習近平接受拉美三國媒體聯合書面採訪〉，《人民日報》2013 年 6 月 1 日第 1 版。
2 〈緊緊圍繞堅持和發展中國特色社會主義　深入學習宣傳貫徹黨的十八大精神〉，
　《人民日報》2012 年 11 月 19 日第 1 版。

人的發展成就，走出了正確道路是根本原因。現在，最關鍵的是堅定不移走這條道路、與時俱進拓展這條道路，推動中國特色社會主義道路越走越寬廣」[1]。而在中國特色社會主義的具體內涵方面，習近平總書記高度強調發展的全面性，指出，「中國特色社會主義是全面發展的社會主義，我們要在經濟不斷發展的基礎上，協調推進政治建設、文化建設、社會建設、生態文明建設以及其他各方面建設。我們黨領導人民進行革命建設改革，就是要讓中國人民富裕起來，國家強盛起來，振興偉大的中華民族」[2]。

全面建成小康社會、全面深化改革、全面依法治國、全面從嚴治黨所構成的「四個全面」支撐中國夢的實現。「四個全面」是以習近平同志為核心的黨中央「對新形勢下治國理政新的戰略思考、新的戰略要求、新的戰略部署，不僅使當前和今後一個時期黨和國家工作的關鍵環節、重點領域、主攻方向更加清晰、內在邏輯更加嚴密，而且豐富和發展了中國特色社會主義理論體系，成為推進中國特色社會主義偉大事業和黨的建設新的偉大工程的總方略、實現中華民族偉大復興中國夢的戰略指引」[3]。「四個全面」包含了豐富的內容，全面建成小康社會可以理解成實現中華民族偉大復興的階段性目標，全面深化改革、全面依法治國和全面從嚴治黨則是實現中華偉大民族復興的有

---

1 〈在對歷史的深入思考中更好走向未來　交出發展中國特色社會主義合格答卷〉，《人民日報》2013 年 6 月 27 日第 1 版。

2 〈緊緊圍繞堅持和發展中國特色社會主義　深入學習宣傳貫徹黨的十八大精神〉，《人民日報》2012 年 11 月 19 日第 1 版。

3 曲青山：〈「四個全面」：實現中國夢的戰略指引〉，《人民日報》2015 年 2 月 11 日第 7 版。

力支撐。

在 2017 年 10 月 18 日召開的黨的十九大上，習近平總書記在報告中提出「新時代中國特色社會主義」這一概念，並指出，在新時代中國社會的主要矛盾由原來的「人民日益增長的物質文化需要和落後的生產力之間的矛盾」轉變為「人民日益增長的美好生活需要和不平衡不充分的發展之間的矛盾」。在這個具有劃時代意義的重大理論創新基礎上，有關中華民族偉大復興的理論體系也進一步發展成熟。十九大報告提出，新時代中國特色社會主義的總任務是實現社會主義現代化和中華民族偉大復興，而在具體的發展階段上，在 2020 年實現全面建成小康社會後，進一步制定了「兩步走」的階段劃分，即在 2020 年到 2035 年基本實現現代化，2035 到 2050 年左右將中國建成富強民主文明和諧美麗的社會主義現代化強國的目標。在支撐中華民族偉大復興的戰略方面，十九大報告提出了新時代中國特色社會主義 14 個基本方略，這其實也是實現中華民族偉大復興目標的方略。具體來說，這 14 個方略是：堅持黨對一切工作的領導；堅持以人民為中心；堅持全面深化改革；堅持新發展理念；堅持人民當家作主；堅持全面依法治國；堅持社會主義核心價值體系；堅持在發展中保障和改善民主；堅持人與自然和諧共生；堅持總體國家安全觀；堅持黨對人民軍隊的絕對領導；堅持「一國兩制」和推進祖國統一；堅持推動構建人類命運共同體；堅持全面從嚴治黨。

第二節　中華民族偉大復興的歷史淵源

　　中華民族在很長的一段歷史時期內一直在世界上居於強國行列，其影響力不但達到周邊的一些國家的水準，甚至在一定程度上，影響到全球。但是，中國封建體制的局限性，使得整個社會的發展處於故步自封的狀態，在西方發生文藝復興及工業革命之後，逐漸處於落後狀態，並最終隨著 1840 年鴉片戰爭的爆發，使得中國的落後性質徹底暴露，而逐步陷入了半封建半殖民地的泥潭。自此時起，中華民族的優秀人物開始就如何實現中華民族復興進行苦苦的思考和探索，從洋務運動到戊戌變法再到辛亥革命，但是囿於這些探索的歷史局限性、對發展認知的不全面性以及各種環境因素等原因，這些探索均告失敗。直到中國共產黨誕生，才開始將這一探索歷程和共產主義結合起來，並最終在建立中華人民共和國後，才開始將這一進程納入正確軌道。改革開放之後，中國特色社會主義發展道路使中國的各方面建設不斷加速，經濟實力和國際地位不斷提升，離中華民族的偉大復興目標越來越近。

一、中華民族歷史上的強盛時期

　　作為「四大文明古國」之一，中國在幾千年前就居於世界文明發展的前列。在漫長的發展過程中，中國避免了古埃及、古巴比倫和古印度文明中斷的結局，在延續中逐漸進步，取得了燦爛的文明成果，

在很長的歷史時期內都處於全球領先地位。以科技為例，在明清之前的漫長歷史時期，中國的科技水準在整體上領先於其他地區。其中，舉世聞名的「四大發明」，即造紙術、印刷術、指南針、火藥就是中國為全球做出的巨大貢獻，這四大發明在遍及全球後，促進了全球文化、科技和人民生活水準的提高。事實上，古代中國對全球科技的貢獻遠遠不止這幾個發明，根據美國學者羅伯特·坦普爾所著《中國：發明與發現的國度 —— 中國科學技術史精華》一書，中國在近代農業、近代航運、近代石油工業、近代天文臺、近代音樂等領域處於領先地位，在十進位數字學、紙幣、火柴、獨輪車、多級火箭、槍炮等產品、技術及方法領域領先全球，其他累計的中國領先全球的古代科技及產品達到 100 項。著名學者李約瑟在該書的序言中認為，「古代和中世紀中國的非凡的創造力和觀察力遙遙領先於其他國家。[1]」當然，古代中國的強盛不僅僅體現於科技。例如，在大工程方面，中國在戰國時期建造的都江堰水利工程，至今仍在使用，其工程量之大、科技水準之先進、使用年代之久遠、影響區域之廣泛，都堪稱奇跡。

　　中國作為一個統一的強國出現在東亞地區是從秦代開始的，而第一次對周邊區域產生大規模影響的時期是在西漢。漢代作為中華民族第一次強盛的時代，在經歷了「文景之治」後，國力逐漸強盛，並在漢武帝時期達到西漢的頂峰；文化上在確立了「罷黜百家，獨尊儒術」的原則後，國內文化得以統一；科技方面則出現了造紙術、渾天儀等一系列新發明，整體的科技水準較發達。在這樣的基礎上，漢代對外

---

1 以上材料引自葉桂英：〈中國的一百個世界第一 —— 讀《中國：發明與發現的國度》〉，《中國圖書評論》1998 年第 7 期。

的影響逐漸擴大，張騫出使西域是歷史上一次重要的文化交流活動，這也大大提升了漢代作為區域性大國的影響力；而在跨度達到 130 年的匈奴戰爭中，漢代朝廷在經歷了起初大約 60 年的和親政策後，開始以武力對抗匈奴，並在漢武帝時期以一系列的戰爭大大削弱了匈奴的實力，最終在漢宣帝時期取得了最後的勝利，將匈奴趕到歐洲，並對歐洲的歷史產生了重要的影響。可以說，通過戰爭和文化交流，漢代確立了區域性強國的地位，對周邊的政治、經濟和文化發展產生了重要影響。

　　隋唐時期是中國封建歷史上最強盛的時期，同時，「也是當時世界上最文明最富強的帝國」[1]。從人口數量上看，隋唐最強盛的時期在開元和天寶時期，而根據官方的記載，天寶十四年（即西元 755 年）全國戶數為 891.4709 萬戶，人口達到 5291.9303 萬口，而由於在此時期，藏匿人口的現象特別突出，真實數位遠高於官方數位，學術界較為認可的資料是大約為 1300 萬戶，7700 萬人口[2]，這一資料遠遠高於同期世界其他的主要國家。同時，作為經濟發展的重要表現的城市化在這一時期得到迅速發展，以蘇州為例，儘管整個唐代國家的國力變化經歷了波折，由強盛最終向衰落發展，但是蘇州在整個唐代都保持了人口的增長；同時，從事工商業生產的人口數量也呈現快速增加的趨勢，表明這一地區在封建時代的城市屬性並非簡單的政治屬性，而

1 引自 ［英］崔瑞德：《劍橋中國隋唐史》，中國社會科學出版社 2007 年版，中譯本前言第 7 頁。
2 杜文玉：〈唐宋經濟實力比較研究〉，《中國經濟史研究》1998 年第 4 期。

是具有較強的經濟內生屬性，或者說，這樣的城市是真正繁榮的[1]。當然，唐代的繁榮是全方位的，其對外的開放性也是史無前例的。當時，中國通往周邊區域的主幹道達到 7 條，可以通往中亞、南亞、西亞各國，直至歐洲，「絲綢之路」在這一時期也達到一個新的巔峰。而唐代的兩京，即長安和洛陽兩個城市不僅是全國的政治和經濟中心，同時也是一個國際性大都市，具有對外貿易中心、文化交流中心的地位。另外，廣州、揚州、泉州等港口成為對外通商的重要城市，承擔著水路方面對外貿易的職能。[2]

　　隋唐的高度強盛，也體現在對外軍事作戰方面。唐代在建立的最初幾年，由於國力薄弱，唐高祖李淵曾經用收買的手段處理和東突厥的關係，並因此引發後代對其軟弱的不滿。而從唐太宗李世民開始，對東突厥用兵，並終於在 630 年擊敗並俘獲了東突厥的首領頡利可汗，並在同年接受西北各部天可汗的稱號。之後，他繼續征服西突厥，並取得了一系列成果。而在唐高宗李治時期，唐代的軍事力量達到巔峰。657 年，唐代軍隊打敗了西突厥，並取得了接近波斯邊境的新領土，唐代控制的領土超過了之前任何的朝代。軍事的擴張在很大程度也提高了唐朝的影響力。[3]

　　宋代是一個特殊的朝代：軍事軟弱但是經濟社會文化相當強盛。由於宋太祖趙匡胤出身于武官且以「陳橋兵變」的方式登上皇位，使

---

1 陳勇：<唐代經濟研究三題>，《西華師範大學學報（哲社版）》2003 年第 5 期。

2 寧欣：<唐代對外開放與經濟繁榮>，《河北學刊》2008 年第 3 期。

3 ［英］崔瑞德：《劍橋中國隋唐史》，中國社會科學出版社 2007 年版，第 163—253 頁。

其制定的政策重文輕武，在整個宋代，武官身份低，形成文人掌管兵權且用兵處處掣肘的局面，使得宋代在軍事方面積弱，最終導致了其對外戰爭處處被壓制的局面。在北宋時期，朝廷採用向遼國納歲幣換取和平的策略，但是這種以金錢購買和平的策略並沒能持續太久，在南宋時期，朝廷失去了江北的領土，偏安于東南一隅。即便如此，宋代卻是中國封建歷史時期最富裕、文化相當發達的時期。從人口來算，按照官方數字，宋代大觀三年（1109）人口總計 2088.2438 萬戶，4673.4784 萬人，由於人口漏報以及不計算女性人口等原因，這一資料嚴重失實，據有的學者估計，全國人口不低於 9347 萬人，已經接近於 1 億[1]。在國土面積不及唐代的情況下，人口實現了趕超。同時，在生產力方面，宋代也超過了唐代，以耕地面積為例，宋代國土面積不如唐代但是耕地面積卻高於唐代。據有的學者研究，在宋代之前，梯田之名尚未見於記載，而宋代時，在南方已經廣泛開墾梯田，大大增加了耕地的面積。同時，宋代的水利技術比唐代更有進步，據統計，南宋的水利工程總量是唐代的 4 倍。農業生產力的提高帶動了糧食產量的增加，據統計，宋代耕地面積比唐代僅僅多出 5%，但是反映在租稅中的糧食收入卻多出 46%，在一定程度上表明了南宋糧食單產的提高。[2] 當然南宋的強盛不僅僅體現在農業方面，其在工商業、文化等方面都十分發達。例如，大家耳熟能詳的《清明上河圖》正是反映了當時北宋都城開封作為一個大都市的繁華場面。在文化方面，尊重文人的氣氛造就了文化的繁榮。自宋代以後，元明清三代再也沒有達到過

---

1 杜文玉：〈唐宋經濟實力比較研究〉，《中國經濟史研究》1998 年第 4 期。
2 同上。

經濟、社會和文化等方面如此繁榮昌盛的局面。

元明清三代中，明代初期算是另外一個高峰。在對外戰爭方面，明成祖朱棣對北討伐蒙古，對殘存的北元勢力形成壓迫性打擊；在文化方面，編撰了《永樂大典》，全書達 11095 冊，總計約 3.7 億字，是中國百科全書式的文獻集，顯示了中國科技和文化方面的輝煌成就；在對外文化交流方面，鄭和七次下西洋，遠達太平洋和印度洋的 30 多個國家，是中國古代規模最大、時間最久的海上航行，比西方類似的航行早了 100 年。但是整體看，之後中國的發展步入衰退的軌道，特別是在明末中國資本主義萌芽被扑滅而清代入關之後，中國開始逐漸落後於西方的發展，並最終為鴉片戰爭之後中國的迅速衰敗和被外國凌辱埋下了伏筆。

二、中華民族在近代史中的衰落及原因分析

（一）中國在近代史之前的實質性衰落

在研究清代歷史時，許多人傾向於認為清代的衰敗開始於乾隆晚期，而鴉片戰爭的爆發則是中國全面衰敗的開始。其實，僅僅看清代的發展史，這一結論是立得住的，畢竟在康熙、雍正、乾隆前期這一時間段內，清代的國力依然強盛，區域性強國的影響力依然十分強大。但是如果站在全球發展的角度看，中國的衰敗其實從明代中後期便已經開始，隨著歐洲文藝復興的興起，中國開始在文化、科技方面出現滯後，而在英國開始第一次工業革命時期，中國在經濟方面則呈現出全面落後的態勢。中國之所以在這種競爭中由領先變為落後，原因大

致可以總結為如下幾個方面。

一是中國的強盛其實是靜態的強盛。儘管在 2000 多年的封建時期內，中國的生產力取得了一定進步，但是整體來看，中國的發展其實是一種靜態的發展。這一發展的模式是各個朝代基本都經歷了初期的快速發展，中期的強盛到晚期的衰敗，其中不可解決的根本矛盾最終以改朝換代的形式來解決，進而開始下一個朝代的發展。在很大程度上，可以說，中國封建時代的發展是一個周而復始的靜態循環進程。1945 年黃炎培和毛澤東同志談話中提到的「朝代更替、循環往復」的「黃炎培之問」，其實就是這一問題的精准歸納。中國封建時代的這一發展模式，具有高度的穩態性質，甚至有一種觀點認為，如果沒有外來的力量打破中國發展的自身規律，中國的這一發展模式還有望繼續下去，而不是步入近代向現代化摸索的進程。當然，中國封建時代的發展規律是否真的如此穩定，其實還有待商榷，畢竟在這個體系內，也曾產生過資本主義的萌芽。

但是，不管如何，由於諸多因素的影響，這種靜態的發展模式一直維持到了近代。隨著歐洲文藝復興、地理大發現等因素推動，歐洲逐漸步入了資本主義持續發展的模式之中，在這種情況下，即便當時每年的發展速度都很慢，但是累積下來，中國和歐洲的差距在一兩百年之內就達到很驚人的程度。這其實是中國在近代由強盛陷入落後的根本性因素。

二是中國的強盛建立在全球發展維持靜態的基礎之上。相關研究表明，從西元 1 年到 1500 年，在這漫長的歷史時期內經濟發展幾乎沒有明顯進步，全球國內生產總值幾乎維持在一個停滯的水準，而直到 1500 年之後，隨著地理大發現的開啟，才打破了這一狀態，全球開

始步入一個持續發展的狀態。[1]當然，這裡所說的停滯，並不是說所有的方面都是停滯的，文化、科技等方面還是有所進步，只是這種進步步伐很小，對經濟發展的影響不明顯。同時，我們也不排除在部分時間段內，局部的經濟發展可能較快，但是放在整個歷史時期，卻呈現出較長時期的停滯狀態，而其中的波動，多半是由於戰爭、瘟疫等原因，使經濟呈現出一定的繁榮—蕭條的趨勢；這種波動是圍繞著一個靜態的平均線進行的，從而不構成我們常說的「螺旋式上升」的波動形式。造成這種發展停滯的原因十分複雜，簡單地說，便是在封建時代，經濟發展缺乏一個持久的推動力，生產力的發展過於緩慢而無法持續推動人們生活水準和改造世界能力的持續提升。馬克思在《共產黨宣言》中指出：「資產階級在它的不到一百年的階級統治中所創造的生產力，比過去一切世代創造的全部生產力還要多，還要大。」[2]這也從一個側面說明了封建時代，歐洲進而整個世界的經濟發展實際上處於停滯狀態，造成這個問題的原因則可以從馬克思對資本主義快速發展的原因中進行反推。馬克思認為，造成資本主義快速發展的原因，包括地理大發現導致的世界市場的開拓、大工業生產方式取代手工業生產方式、科學技術的快速進步等，反推則可以認為，當時市場範圍的限制、手工業生產方式的局限以及技術進步緩慢等，都是造成較長時間經濟停滯的原因 。以市場範圍的限制為例，在中世紀，歐洲各大自治城市之間，普遍對其他地區的商品採取各種限制措施，或者課以重稅，從而嚴重影響了統一市場的形成，進而影響了市場經濟的

---

1 引自閻小駿：《當代政治學十講》，中國社會科學出版社 2016 年版，第 31—32 頁。
2《馬克思恩格斯選集》第 1 卷，人民出版社 1995 年版，第 277 頁。

發展[1]。而一旦歐洲等地區開始進入資本主義動態發展模式，則中國強盛的另外一個因素便不存在了。

三是中國文化傳統對科技發展的限制。中國傳統上，按照士農工商的排名對不同階級施行差別性對待政策，最容易在科學技術方面取得突破的手工業，其實社會地位並不高。而從文化角度看，科技方面的學術，顯然要大大低於儒學為代表的學問，廣大文人對其積極性並不高，而對科技感興趣的人，很多是知識水準不高的工匠。這就導致中國的傳統科技往往缺乏必要的傳承，同時很多學問是「知其然而不知其所以然」，對許多現象的認識，並沒有抽象成理論，這也使得相關知識無法在累積基礎上不斷進步。在這樣的文化傳統限制下，中國的科技水準很難呈現持續演進的態勢，因而也無法起到打破靜態發展模式的推力作用，最終無法形成科技體系和經濟發展體系二者相互推動、相互促進的良性循環。這樣，在歐洲進入持續發展的軌道時，中國依然處於靜態。

四是閉關鎖國的政策，使中國喪失了通過經濟和文化交流，促進國內經濟和文化發展的機遇。一般來說，經濟和文化的交流，儘管也有其不利之處，但是整體來說，是利大於弊。通過經濟交流和文化交流，能夠促進彼此經濟發展，並有利於雙方吸收對方的優點，促進本國的進步。儘管中國存在著發展靜態、文化體制不利於科技發展等問題，但是如果當時保持開放，加強與國外尤其是歐洲的經濟和文化交流，就能有效地吸收當時的先進科技和制度成果，從而在一定程度上

---

1 相關的內容詳見 ［美］詹姆斯・W・湯姆遜：《中世紀晚期歐洲經濟社會史》中關於各個城市及地區的稅收政策和經濟管制措施，商務印書館 2015 年版。

推動中國的發展。但是，中國自明代中後期以來，一直到清代，始終維持著閉關鎖國的姿態，除了象徵性地收取部分國家的貢禮以維護自己「天朝大國」的象徵性地位之外，整體上與世界保持隔絕。其間，儘管部分皇帝如康熙也對西方的科學技術感興趣，並跟傳教士學習了相關的知識，但是這些知識的作用僅限於極其狹小的領域，並未對中國整體發展產生更多作用，也沒有促進更多中國人對外部世界的更深認識。這種情況在一定程度上，使得中國和歐洲的發展差距不斷拉大。

（二）中國的全面衰弱分析

中國的全面衰弱是從 1840 年的鴉片戰爭開始的。在第一次鴉片戰爭期間，作為老牌封建大國的中國，儘管疆域廣闊、整體的經濟規模較大，但是面對新興的資產階級國家英國，最終戰敗，並簽訂了屈辱的《南京條約》，割讓土地、開放通商口岸、喪失部分關稅貿易主權、賠款等條款，打破了清代作為一個獨立的封建國家的地位，開始淪落為半封建半殖民地社會。在之後的 70 餘年時間內，在清朝滅亡前，中國陸續受到歐美日等多國列強的欺辱，先後簽訂了一系列不平等條約，使中國在衰落的道路上越走越遠。其中，在國土方面，僅僅俄羅斯一個國家就通過《璦琿條約》《北京條約》等一系列不平等條約，累計攫取了中國 144 萬平方公里的土地；在賠款方面，中日《馬關條約》規定，中國向日本賠償白銀 2 億兩，《辛丑合約》規定，中國向各國賠償白銀 4.5 億兩，包括利息後累計折合 9.8 億兩。

整體來看，清末的最後 70 年，使中國由表面強盛迅速轉入實質性

衰落，且在半殖民地半封建社會的泥潭中越陷越深。一方面，巨額的賠款、巨大的國土面積損失，使國家的實力不斷下降，人民的生活負擔不斷加重，從而使國家更缺乏奔向現代化的實力支撐。儘管中國在鴉片戰爭初期，由於國土面積廣大、人口眾多，整體經濟規模在世界仍然位居前列，但是人均的經濟規模非常小，在巨額的賠款之後，國家財力已經面臨衰竭的境地，而且這種沉重負擔還以分期付款的形式影響到以後。例如《辛丑合約》規定賠款 4.5 億兩，如此高昂的費用遠遠超出了當時國家的承受能力，因此條約中規定要 39 年分期付清，這意味著之後許多年國家都要為此背負起沉重負擔。儘管這個條約的賠款在實際中沒有真正還完，但是它對之後中國的發展起到了巨大的負面作用。實際上，一個傳統國家要實現現代化，需要相當的資金支撐，而在國內資金大量被攫取的情況下，現代化進程將因為資金支援不足而受到影響。這一點可以從二戰之後許多國家的發展進程中看出，許多國家在戰後經濟發展面臨的突出難題就是資金不足，歐洲國家是由美國的「馬歇爾計畫」緩解了資金不足的問題，其他的一些發展中國家則通過引進外資等方式解決問題，不管如何，啟動資金是經濟現代化必須要解決的問題。而中國在近代的巨額賠款，使政府缺乏足夠資金用於啟動現代化，這無疑不利於中國的現代化進程，或者說復興之路。同時，巨大的賠款大大加重了人民的負擔，使得官逼民反的現象更加突出。其中，清代後期最為突出的便是太平天國運動，這場聲勢浩大、時間持久的農民起義，使得清朝廷更加虛弱，而動盪的社會環境，使得生產力發展受到嚴重影響。

另一方面，這些條約的受益國，則因為中國的賠款和國土賠償，國力更為強盛，為一些國家進一步侵略中國奠定了基礎。其中最為典

型的便是日本。日本自明治維新之後，便開始逐漸步入了現代化發展的道路，但是濃厚的封建殘留、較弱的經濟基礎、相對較小的國土面積和起步的時間較晚，使得其在中日甲午戰爭之前，儘管在經濟發展的領先程度上明顯超越中國，但是差距並不大，考慮到國土和人口的差異，在總額上還要落後中國。在這種情況下，日本需要較強的經濟推手，使其儘快拉大與中國的差距，並縮小與英國等歐美列強的差距。而中日《馬關條約》中，中國相關的賠款和土地的賠償，使其恰逢其時地得到了發展所需要的資金，並得到了一些新的土地和資源，這在較大程度上促進了日本經濟的快速發展和國力的迅猛提高。在經過幾十年的積累後，日本已經逐漸具備了進一步侵略中國的實力，而最終於 1937 年 7 月 7 日，演變為全面的侵華戰爭，最終中國雖然獲得了勝利，但是卻付出了巨大的人口損失和經濟損失的代價。

導致中國在短短 70 年，就全面陷入半封建半殖民地社會，國力迅速衰弱的主要原因，可以歸結為如下幾個方面。

一是盲目自大，缺乏對世界發展的全面瞭解。明清以來，中國一直實行閉關鎖國的政策，國外的技術發展、政治和經濟變動以及不同國家的風土人情等，對中國人而言基本不知曉。國內普遍沉醉於「天朝大國」的幻想之中，盲目自大，一律看輕其他國家，將其視為「蠻夷」。同時，當時的中國人普遍對國外缺乏基本常識，例如在鴉片戰爭爆發前，許多人甚至認為英國人腿不會打彎，身體並不好，只是槍炮先進而軍事強大。在這樣的認識之下，打敗仗在一定程度上可以說是必然的。

二是封建體制的腐敗，是導致中國國力迅速下降的重要因素。封建體制的腐敗，在中國實力的衰落進程中，起到了強力催化劑的作用。

例如，在軍事方面，儘管當時的清政府開始了軍事的現代化，但是整體來說，軍隊的體制依然沿用舊制，導致軍隊的組織性、戰鬥力都與現代化軍隊具有相當差距，這成為中國在甲午戰爭中失敗的重要原因。又如，當時清政府的統治者，即便在國力相當衰落、國家內憂外患的情況下，依然高度強調享樂，甚至不惜挪用軍費滿足自身的享樂需要。同時，封建統治者在對外方面，缺乏一個客觀而統一的認知，客觀上損害了國家的利益。慈禧太后在面對外國列強對自己的威脅時，盲目支持義和團來打擊外國列強，而在被列強侵略之後，為了保住自己的地位，又不惜提出「量中華之物力，結與國之歡心」的政策，這前後兩種截然不同的立場，大大損害了國家利益。

三是保守勢力強大，破壞了中國在面對巨大危機時，趁勢變革的選擇。19 世紀中後期到 20 世紀前 10 年外國列強對中國的欺辱，在客觀上使得舉國同仇敵愾，共同尋找擺脫困境的辦法。在這種時刻，如果各階級一道，通過改革走向富強之路，也可能使危機變成中國發展的機遇。但是在封建時代，保守勢力為了維護自身利益，對變革處處掣肘，使得相關變革最終無法取得預期成效。例如，在甲午戰爭之後，清政府實行的戊戌變法，便是一個步入資本主義體制的方案。儘管這一方案得到光緒皇帝的支持，但是以慈禧太后為首的保守勢力卻從中作梗，最終以光緒皇帝被囚禁、維新派部分人物被處死為結局。這件事也再度向我們證明，封建體制內在腐朽決定了它無法成為先進階層的代表，必須要通過暴力推翻這一體制，才能使新制度發展成為可能。

三、歷史上幾次關於中華民族復興的探索

在第一次鴉片戰爭後，面對中國與國外的巨大差距，部分具有眼光的中國人開始了就中國富強的探索，但是由於種種原因，這些探索都以失敗而告終。但是，這些探索為我們提供了一些有價值的經驗和教訓，值得我們仔細研究。

（一）洋務運動

第一次鴉片戰爭的慘痛教訓，使得部分中國人開始「睜眼看世界」，真正看清了農業文明和工業文明之間的差距，並開始主張「師夷長技以制夷」。其中，最有代表性的人物之一便是魏源，他在著作《海國圖志》中駁斥了國內當時流行的將西方技術稱作「奇技淫巧」的看法，提出「有用之物，即奇技而非淫巧」的觀點，主張國內需要正視國外技術的先進性，主張學習外國的長處。在這些當時的先進人物的帶動下，國內逐漸掀起了一股利用國外技術來實現自救自強的洋務運動。

洋務運動的代表人物主要包括曾國藩、李鴻章、左宗棠、張之洞等人，他們都經歷了剿滅太平天國運動的軍事戰爭，其中曾國藩、李鴻章及左宗棠更是這場戰場的主要指揮者。在戰爭進程中他們親眼見到了外國軍事實力的強大，同時受到魏源等思想家「師夷長技以制夷」思想的影響，這些當時頭腦比較清醒的統治者利益代表人物，開啟了洋務運動。洋務運動以「師夷制夷」「中體西用」作為指導思想，其本質是在遵循中國傳統體制和不破壞傳統文化價值觀基礎上，通過

引進西方的相關知識和技術，來達到「自強」「求富」的目的。「中體西用」的思想最早由思想家馮桂芬提出，他在 1861 年所寫的《校邠廬抗議》一書中提出「以中國之倫常名教為原本，輔以諸國富強之術」，這一思想成為洋務運動自始至終的指導思想。而所謂的「西用」，主要是學習在西方得到快速發展的聲、光、電、化、輪船、火車、機器、槍炮等方面的知識與技術，並學習西方建立各種報刊和學校等。

洋務運動的具體措施，主要包括興辦工廠（包括軍工廠）、興辦學校和派遣留學等，客觀上說，洋務運動還是取得了不少成果。在興辦工廠方面，從 19 世紀 60 年代開始，陸續興建了江南製造局、福州船政局、安慶內軍械所等幾大軍事工業企業，大大填補了中國近代軍事工業幾近空白的局面。儘管遇到了資金不足、燃料原料供應困難等難題，阻礙了這些企業的發展，但是在部分領域還是取得了不錯的成就，大大促進了當時中國軍隊技術水準的提高。例如，在 1865 年安慶內軍械所製造出中國第一艘蒸汽船、1889 年福州船政局造出中國第一艘鋼甲鋼殼巡洋艦之後，中國艦船製造經歷了從木船時代向鐵船和鋼船時代的巨大轉變，在技術水準方面與世界先進水準距離不斷縮小[1]，其中 1889 年下水的 2100 噸鋼甲巡洋艦在製造技術和性能方面，均不落後於當時西方發達國家同類型的船艦[2]。另外，金陵製造局在 1888 年仿製馬克沁重機關槍成功，僅比馬克沁第一次發明該武器晚了 4 年，成為當時世界上少有的能夠製造該武器的國家之一；在火藥製造

---

1 陶新華：〈洋務運動時期西方軍事技術的引進及其對中國軍事建設的影響〉，《軍事歷史研究》2011 年第 4 期。
2 史滇生：〈洋務運動的軍事自強和中日甲午戰爭〉，《史學月刊》1994 年第 4 期。

目標

方面，儘管面臨西方嚴密的技術封鎖，中國卻在19世紀70年代開始
獨立研究無煙火藥技術，在80年代獲得重大進展，在1892年創建中
國第一家無煙火藥廠，1895年年產達到6萬磅，使中國的無煙火藥技
術達到世界先進水準。[1]在民辦工業方面，洋務派興建了輪船招商局、
開平礦務局、天津電報局、上海機器織布局、漢陽鐵廠等一系列企
業，這類企業主要採用了「官督商辦」的形式，即招商投資入股，而
由官方派人經營管理，這主要是為了彌補國家投資資金不足的問題，
同時又可以有效控制企業運營。同時，洋務派還開辦了一系列的學
堂，包括京師同文館、福州船政學堂、天津電報學堂等，主要為洋務
運動提供各類技術、翻譯等人才，同時還派出大量人員出國，主要學
習西方的各類技術，這些留學人員後來回國，成為政界、軍界、實業
界等方面的人才，其中就包括鐵路工程師詹天佑、北洋大學校長蔡紹
基、民國初期國務總理唐紹儀等著名人物。

　　但是，這場轟轟烈烈的運動，儘管使中國這一個古老的封建國
家，第一次開始對外界的變化做出積極反應，開啟了中華民族復興的
第一次運動浪潮，並取得了一系列的成果，然而，隨著中日甲午戰爭
的失敗，洋務運動破產。對這次運動失敗的原因進行總結，主要是過
分重視技術的引進，而忽略了走向強盛的現代化道路其實是包含制度
在內的一個系統工程，單純地強調技術發展，並不能真正達到國家強
盛的目的。清後期的洋務運動是典型的唯技術派，妄圖在保留封建生
產關係基礎上，通過運用西方的新技術及其一些具體的經濟運營組織

---

1 劉申寧：〈論晚清軍工建設〉，《軍事歷史研究》1991年第1期。

方式，來達到趕超西方發達國家的目標，是根本無法實現的。在軍事方面，其戰略也相當類似，當時通過購買軍事裝備，在短時期內就實現了軍備在一定程度的現代化，但是在內部的核心要素依然是封建的、落後的前提下，即使是軍事實力上的領先，也不能帶來國家軍事上的真正強盛。例如，甲午中日戰爭時期，中國和日本的軍事力量對比，從硬體上看，整體來說中國落後於日本，但是並不落後太多，而且中國海軍利用西方技術和戰備的歷史要早於日本。但是，由於清朝內部的腐敗，在軍事建設方面存在一系列的問題，導致軍隊的戰鬥力無法與硬體同步提高；加之內部決策的官僚機制效率極為低下，對形勢的判斷屢屢出現失誤，最終導致中國軍事的失敗，並付出了巨額賠款的代價，進一步導致了國力的削弱。在民用工業方面，由於採用「官督商辦」的形式，工廠內實行衙門化管理，根本不適應工廠經營管理需要，導致工人工作積極性很低，企業運營效率低下。這一系列的教訓，都說明要真正實現現代化，就必須要對基本制度、發展戰略進行全面變革。

（二）戊戌變法

隨著甲午戰爭的失敗和《馬關條約》的簽訂，民族危亡的嚴峻形勢使一部分知識份子意識到，單純地採取技術引進方式的洋務運動並不能從根本上實現中國的富強，要真正實行中華民族的興盛必須對封建主義的體制進行改革，而不能在其基礎上修修補補。正是在這種情況下，以康有為、梁啟超為代表的數千名舉人于 1895 年聯名上書，在反對《馬關條約》的同時，提出了「練兵強天下之勢」「變法成天下

之治」等主張。儘管這次上書遭到了拒絕，但是其中關於變法維新的主張，卻引起了廣泛的社會影響，使變法維新的思想成為朝野的一股潮流，使當時的光緒皇帝及一部分官員受到了觸動。光緒皇帝於 1898 年 6 月 11 日頒佈了「明定國是」詔書，標誌著戊戌變法正式開始。

康有為和梁啟超與洋務運動領導人最大的區別之一便是主張政治上的變革。在早期二人宣傳的主張中，君主立憲是其中最重要的主張之一，然而在真正頒佈的變法條款中，並沒有徹底推行君主立憲，這與當時的時局接受這一主張的阻力過大有關。但是，戊戌變法無論從變法涉及的內容，還是具體措施推行的深度，都超過了洋務運動。

這場具有廣泛社會影響和重要歷史意義的維新運動，僅僅維持了 103 天便宣告失敗，其中許多主張尚未來得及實施，唯一流傳後世的實物遺產便是京師大學堂（即後來的北京大學）。總結其失敗的教訓，主要包括如下幾條。

第一，在封建保守勢力極為強盛的時代，妄圖推行不流血的革命，是不切實際的。縱觀維新派的所有主張，特別是君主立憲制的主張，嚴重侵犯了封建統治階級的核心利益，即使封建統治階級的部分代表人物如光緒皇帝，在面臨內外憂患時願意在權力方面退讓以謀取國家富強，但是更多的保守勢力則不會接受這一代價。以慈禧為代表的朝廷保守勢力，輕而易舉地便將此變革推翻，除了慈禧掌握實權的因素外，很大程度上也表明了當時保守勢力的強大。這一件事也證明，在擁有兩千多年封建集權的中國，推行君主立憲，謀求以和平方式使統治階級主動讓步，是非常困難的。

第二，戊戌變法從本質上來說是一場缺乏群眾參與的運動，缺乏群眾的強力支持，是其易於被粉碎的根本性原因之一。戊戌變法是一

場從上到下的改革，自始至終也沒有注重發動群眾，只是希望群眾被動接受變法的結果。這樣的運動，沒有群眾作為堅強後盾，而只能是知識份子和少數統治階級的聯合，註定了改革力量是薄弱的，一旦保守勢力發動進攻，則完全沒有能力抗爭，也無法自保。最終，以譚嗣同為首的戊戌六君子儘管慷慨就義，成就了美名，卻無法改變變法失敗、個人命運悲慘的結局。

當然，戊戌變法的精神遺產相對卻豐厚一些，雖然其主張當時被否決和拋棄，但是清王朝在面對後來的八國聯軍侵略以及國內越來越強烈的革命壓力時，先後推行了一些新政，其中便包括當時維新派的一些措施。例如，《辛丑合約》簽訂後，慈禧頒佈的新政裡，就包括興辦新式學堂、改革法制、獎勵民辦工廠等維新派當時的主張。當然，統治階級頒佈這些措施，也是為當時內憂外患的情勢所逼，而非出於自願，在維新派所主張的君主立憲這一核心問題上，便始終不願意真正推行。而在這種情況下，戊戌變法的精神遺產便逐漸轉化為革命熱情，以孫中山為代表的、代表了資產階級利益的革命黨便逐漸成為中華民族復興的新興力量。

（三）辛亥革命

在認清了封建勢力無法真正全心全意推進變法維新的真實面目之後，中國的革命力量日益壯大，最終推翻了清王朝，並徹底埋葬了封建帝王制度，建立起了資本主義體制。辛亥革命的精神領袖是孫中山先生，他的一生基本代表了中國資產階級謀求中華民族復興的探索進程。從 1892 年開始，他便秘密開始革命事業，先後創建了興中會等革

命團體，提出了「驅除韃虜，恢復中華，創立民國，平均地權」等同盟會綱領和民族、民權、民生三大主義（即「三民主義」），並先後領導了數次起義，但均以失敗而告終。而最終獲得成功的辛亥革命，孫中山雖然沒有直接參與和領導，但是作為中國資產階級革命的代表人物，他還是在 1911 年被選舉為中華民國臨時大總統。然而，資產階級本身的軟弱性及對袁世凱真實面目的認識不足，使其在與袁世凱為代表的清廷實權人物的談判中採取讓步的策略，讓袁世凱實際竊取了革命果實，並最終上演了復辟的鬧劇。而在之後，孫中山繼續領導國民黨進行革命，對不遵守法律的北方政府進行了一系列鬥爭，其間他還提出了相當有影響力的《建國方略》，這一方略代表了孫中山謀求中華民族復興的計畫。

孫中山謀求強國的行動終於在聯俄聯共後開始變得柳暗花明，但是中途患病去世，使得其事業中斷。而接替孫中山擔任國民黨實際領導人的蔣介石，作為大地主大資產階級利益的代表，沒有繼承孫中山先生的革命性和意志，先後採取了清共、發動軍閥混戰等政策，使國內的革命事業陷入低迷，國家陷入戰爭狀態，直至抗日戰爭爆發。實際上，轟轟烈烈的辛亥革命運動，最終沒能實現中華民族偉大復興的目標。其原因可以總結為如下幾條。

一是資產階級的軟弱性和妥協性，導致其內部組織較為鬆散，且在面對各種野心家時，容易被人竊取政權。整體來看，以孫中山為代表的資產階級革命力量，其組織性較差，內部較為鬆散，孫中山作為領導人很大程度上體現在精神層面，而在實際的領導方面則缺乏統一指揮，以至於辛亥革命爆發時，孫中山並沒有真正參與其中。同時，為了在短期內擴充力量，資產階級政黨在早期注重聯合各種不同勢

力，辛亥革命的主體其實是封建勢力內部的軍事力量，這樣能在短期內獲得實力的較快發展，但是由於缺乏強有力的嫡系力量，各種力量只能有賴於利益妥協而糅為一體，這就導致資產階級具備明顯的軟弱性。在面對袁世凱等封建勢力野心家及資產階級內部野心家時，政權很容易被這些人剝奪。孫中山先生幾經失敗，不斷進行革命，很大原因便是由於無法保證勝利果實的不斷壯大，而必須不斷同各種敵對力量進行鬥爭。

二是對中華民族的復興缺乏系統認識，對中國奔向現代化的複雜程度缺乏深刻認識。中華民族的偉大復興，在本質上就是由落後的封建體制和小農經濟體系向現代化的體制和經濟體系轉變的進程，這注定是一個複雜的進程，特別是在辛亥革命發生的年代，這個任務尤為艱巨、各種挑戰更加突出。但是，資產階級革命力量對此缺乏深刻認識，他們不瞭解，中國的復興道路極其漫長，推翻了清朝的帝制在很大程度上只是在象徵意義上推翻了封建體制，作為一個有 2000 多年封建歷史的國家，要真正完全消除封建體制及其影響，需要付出較長時間的努力。在這一過程中，應該注重夯實革命所取得的政治上的成果，推動中國真正全面脫離封建勢力的影響。

三是這一革命對群眾影響不足，尤其是對農村地區的衝擊較小，封建勢力殘餘大。整體來說，辛亥革命依然沒有充分發動群眾，這就導致整個革命對社會層面的衝擊不足，影響了革命效果的發揮。特別是在農村地區，辛亥革命幾乎沒有真正衝擊到傳統的體制與文化。封建勢力大量保存了下來，而且在短期內就和資產階級實現了某種程度上的利益聯合，這也導致資產階級力量的先進性被嚴重削弱，繼續推進革命的動力不足。這一點在孫中山先生去世後，國民黨很快就鎮壓

共產黨及其領導的工人運動，實現由革命力量向反動力量的轉變這一問題上得到驗證。

四是實踐證明，資本主義道路在中國行不通，要實現富強，這一道路達不到目標。進入 20 世紀之後，通過資本主義道路，從一個傳統國家發展到發達國家，完成現代化進程的國家少之又少。在少數資本主義國家脫穎而出的世界格局中，這少數幾個先進國家一定會千方百計防止其他國家對它實行超越，不斷實行各種措施來壓制後發國家的發展。另一方面，中國封建勢力極其強大，各種矛盾錯綜複雜，一個缺乏統一領導、不具有足夠先進性和為人民謀福利堅定信念的資產階級政權，無法真正帶領中國走向富強。而隨著十月革命的炮火給世界人民展示了另外一個發展模式，真正給中華民族的振興帶來了機會，後面的發展實踐證明，只有社會主義才能使中國走向獨立、富強。

第三節　中國共產黨與中華民族的復興

自從中國共產黨成立以來，就一直致力於中華民族偉大復興的探索，擺脫帝國主義壓迫、建立一個富強的國家，一直是共產黨的革命目標。經過艱苦卓絕的奮鬥，最終中華人民共和國得以成立，真正結束了 100 多年的半封建半殖民地的屈辱歷史，中華民族真正屹立于東方。之後社會主義建設的歷程，其實就是中華民族偉大復興的過程，在經過 30 年的積累和探索之後，改革開放後經濟迎來突飛猛進的發展，中華民族偉大復興的中國夢正在一步步變成現實。

一、中國共產黨與新民主主義革命

中國共產黨自成立起，便將領導新民主主義革命的成功作為自己的重要奮鬥目標。在 20 多年的歷史進程中，中國共產黨發揮了重要的歷史作用，並最終獲得了新民主主義革命的勝利，為中華民族的復興起到了決定性作用。

（一）中國共產黨成立早期

1919 年 5 月 4 日，中國爆發了五四運動，開啟了新文化運動的熱潮。正是在這場討論中，馬克思主義得到迅速傳播，特別是在「問題與主義」的辯論中，越來越多的人認識到馬克思主義與改良主義的本質區別以及真正的社會主義和其他思想的差異。隨著馬克思主義的廣泛傳播，中國共產黨成立的時機到來了。

隨著 1921 年 7 月中國共產黨第一次全國代表大會的召開，中國第一個由馬克思主義作為指導、統一的無產階級政黨正式誕生，並在這次會議上確立黨要實現社會主義、共產主義的遠大目標。在第二次全國代表大會上，正式確定黨在民主革命時期的綱領問題，並確立了黨的最低綱領問題，即在民主革命階段，黨的任務是打倒國內軍閥，推翻帝國主義壓迫，建立一個統一的民主共和國。縱觀黨在初期所建立綱領的實質性內容，其本質就是要在中國共產黨領導下，分段實現中華民族的復興。正是在這樣的歷史使命的帶動下，中國共產黨成立伊始，就開始參與、領導中國的發展，在中國共產黨第三次代表大會上，就正式確立了國共合作、建立統一戰線的方針，真正參與到中國

新民主主義革命的進程中。

伴隨著國民黨中反革命力量掌握政權,他們開始對共產黨進行了清洗,第一次國共合作失敗。在這種情況下,中國共產黨面臨著獨立探索中華民族復興的任務。隨著八一南昌起義、秋收起義等一系列起義,中國共產黨建立了自己的軍事力量,並在井岡山建立了革命根據地。1931 年 11 月 7 日,中華蘇維埃共和國臨時中央政府成立,這是中國共產黨第一次創立的獨立政體。這個無產階級政體宣佈了不承認帝國主義任何特權、中國完全獨立的政策,制定了獨立的憲法、土地法、勞動法等一系列法律及經濟發展政策。儘管這一政體存在的時間僅為 5 年零 10 個月,但是卻為中國共產黨未來在全國執政探索了豐富的經驗,同時這也是中華民族偉大復興的一次偉大探索。

(二)抗日戰爭期間

日本在中日甲午戰爭後,借助中國的相關賠款,加速發展起來。在一戰之後,日本加緊了對中國的侵略,以便攫取中國的各項資源,彌補其國內資源不足、發展受限的問題。在這種情況下,日本越來越成為中國最大的外來威脅,這一形勢隨著「九一八」事變的爆發而變得更加嚴峻。從當時國內情況看,雖然辛亥革命後,在西方各國列強忙於戰爭時,中國民族工業迎來了短暫的發展機遇,但是整體來看,中國工業發展自中日甲午戰爭後,與世界先進水準的差距不斷拉大,加之國內連年軍閥混戰,國內經濟凋敝。中日之間這種此消彼長的狀況和日本侵吞全國的野心,使中國面臨著全面淪為殖民地、徹底亡國的風險。因此,在很大程度上,從「九一八」事變後算起的 14 年抗日

戰爭時期,是 1840 年以來中國面臨外界威脅最大、最為艱難的時期。

照理說,抗日戰爭時期中國付出巨大犧牲,經濟遭受巨大破壞,綜合國力趨於下降,這對中華民族偉大復興十分不利,但是,換個角度看,抗日戰爭卻是中華民族偉大復興的轉捩點[1]。這是因為,抗日戰爭是中國自鴉片戰爭以來,第一次真正地、全面地依靠自己的力量戰勝帝國主義,同時隨著這次戰爭的勝利,中國的國際地位大幅提升,使中國成為反法西斯陣營的四個大國之一,並成為二戰結束後的聯合國常任理事國。另一方面,隨著抗日戰爭的結束,戰前中國和帝國主義簽訂的大量不平等條約在事實上作廢,或者逼迫各國主動作廢各項條款,這使中華民族向獨立邁出了重要的一步。另外,抗日戰爭使中華民族作為一個民族真正團結起來,改變了戰前中國一盤散沙的局面,這有力地促進了民族覺醒。從此之後,全國統一、共謀進步成為中華民族的共同願望。整體來看,在相對實力較弱的情況下,中國能夠取得抗日戰爭的最後勝利,化巨大挑戰為中國強大的機遇,背後有著複雜的原因。而抗日戰爭之所以能取得勝利,最重要的原因之一便是中國共產黨對抗日戰爭的積極參與和領導。在抗日戰爭初期,儘管中國共產黨的實力相對較弱,根據地面積小、軍隊數量少,但是作為代表了無產階級利益的政黨,中國共產黨在面對日本巨大威脅時,主張中華民族團結一致,一致抗日,這代表了中華民族的利益,獲得了國內外廣泛認可和支持,並最終促進了國共合作、共同抗日的局面。同時,中國共產黨充分發動群眾,利用群眾的力量去抗日,積極開展

---

1 李君如:〈抗日戰爭是中華民族偉大復興的歷史轉捩點〉,《中國特色社會主義研究》2015 年第 4 期。

敵後戰爭，並在戰爭後期成為抗日主導力量，為抗日戰爭的最後勝利
發揮了巨大作用。

（三）新民主主義革命的勝利

抗戰勝利後，國民黨在經歷了假和談的一番鬧劇後，終於撕下假
和談面具，內戰全面爆發。在短短的 4 年時間內，中國共產黨領導的
解放軍便在起初實力對比落後的情況下，取得了全面勝利，並在 1949
年 10 月 1 日成立了中華人民共和國，標誌著中國新民主主義革命的成
功。從此之後，中華民族發展迎來了新的歷史階段，中華民族復興迎
來了真正的希望。而中國共產黨之所以能夠迅速戰勝國民黨，深層次
的原因有如下兩個。

一方面，中國共產黨代表了最廣大的工人階級、農民階級和知識
份子的利益，由共產黨取得政權是民心所向。國民黨在辛亥革命之後
不長的時間內，便成為全國大地主大資產階級利益的代表，它無力給
全國受苦的大眾帶來新生活，也不能根除封建勢力對中國的影響，因
而不能帶領中國真正走向富強。而與國民黨的腐化墮落形成鮮明對比
的是，以延安為聖地的中國共產黨的革命根據地，給中國帶來了新的
氣象。中國共產黨不僅僅獲得了廣大農民階級和工人階級的擁護，也
獲得了開明知識份子的熱烈擁護。這種民心所向，正是中國共產黨在
內戰中取勝的決定性因素。

另一方面，從全球的角度看，蘇聯發展模式的成功，使社會主義
成為落後民族獲得獨立、謀求發展的新選擇。蘇聯在短短時期內，就
取得了工業化的成功，並促使蘇聯戰勝強大的法西斯德國。這就向世

界表明，由共產黨領導的社會主義發展道路能夠在短時期內使落後國家強盛起來，這為二戰後落後民族提供了新的模仿對象，大量的國家選擇了社會主義道路，或者雖然沒有選擇社會主義道路，卻模仿了蘇聯的經濟發展模式。而作為被世界列強凌辱了 100 多年、多次民族復興探索均告失敗的中國人民而言，選擇社會主義道路便成為正確的選擇。

二、中華人民共和國與中華民族偉大復興

從清末的幾次運動到辛亥革命，這些轟轟烈烈的運動都無法真正實現民族振興，而隨著中華人民共和國的成立，中華民族的偉大復興進程步入正軌。

（一）新中國成立至改革開放前

從 1949 年中華人民共和國成立到 1978 年差不多 30 年的時間裡，可以分為兩個時期，以 1956 年為界限。隨著 1956 年對農業、手工業和資本主義工商業生產資料私有制的社會主義改造完成，中國進入了社會主義建設時期。社會主義建設的目標，核心便是實現中華民族復興，使中國擺脫落後的局面而成為社會主義強國。在此過程中，儘管也經歷了許多曲折，付出了很大的「學費」，但是這前 30 年社會主義建設還是取得了豐碩的成績，使中國真正站了起來。

首先，徹底推翻了帝國主義、封建主義、官僚資本主義的三座大山，建立了有利於經濟社會快速發展的社會主義制度，奠定了中華民族偉大復興的制度基礎。無論是洋務運動、戊戌變法還是辛亥革命，

其失敗的根本性原因便是沒有從制度方面入手徹底剷除封建主義、帝國主義影響，或者試圖在現有制度基礎上進行革新，或者對現有制度進行部分變革，或者雖然意識到這些制度需要去除，但是卻沒有能力在現實中真正剷除這些因素。而在國民黨從革命黨蛻變之後，官僚資本主義成為經濟發展和民族進步的新的阻礙性因素。中華人民共和國的成立，真正徹底根除了這些因素，使這些腐朽的制度退出了歷史舞台，讓位給新生的、代表了歷史前進方向的社會主義制度。

例如，在農業方面建立了集體所有制度，剷除了封建土地所有制，使廣大農民真正翻身做了主人。在生產力不夠發達的年代，土地是農民最重要的生產資料，沒有土地農民就只能做佃農，而依附於地主階級，受他們的剝削和壓迫。儘管中國農民世代都是勤奮的，但是他們卻在封建時代過著很艱苦的生活。而中國朝代更替的主導性因素，往往就是因為土地在封建朝代的末期過分集中于少數大地主，廣大農民階層生活悲慘，在某些偶然性因素的催生下（例如自然災害），被迫揭竿而起。但是戰爭最大的受害者還是農民，所以才有了「興，百姓苦；亡，百姓苦」的說法。造成這一切的根源恰恰是封建土地所有制。中華人民共和國的成立，徹底廢除了這一制度，而實行集體所有制，使地主階級這一存在了2000多年的壓迫階級徹底消失，廣大農民真正實現了平等，依靠勞動獲取財富。集體所有制的另外一個好處，便是通過集體的力量，避免了少數群體因為自身或者客觀因素，在部分時間面臨的極度困難的局面。例如，在封建時代，即使沒有發生造成大規模食物短缺的自然災害或者社會動亂，個別農民也會因為生病等各種家庭變故，而面臨極端的生活困難，甚至有生命危險；在集體所有制度下，由於集體的保障作用，這一問題便不會發生。另外，從

現代經濟發展的角度看，集體所有制使廣大農民能夠形成一個集體，進行規模化農業生產，這也破除了小農經濟存在的基礎，從而有利於農業現代化的實現。這一優勢正在現在發揮作用。

其次，初步建立了完整的工業體系，軍事方面取得重大突破。我們所建立的社會主義制度，最大的優勢之一便是可以利用國家的力量，在短期內聚集大量的資本，推動工業化進入快速發展的進程。所有的發展中國家，在發展初期面臨的最大困難之一便是資本不足，許多發展中國家也因為這個因素長期不能真正進入快速發展的軌道，而社會主義的制度優勢卻是集中力量辦大事，能夠有效解決這個問題。另一方面，工業體系的所有制結構是各種形式的公有制體制。公有制的好處在於其發展的收益可以普及廣大人民，不會造成人民收入差距過大的問題；同時公有制還能使國家的經濟發展，避免資本主義週期性危機的局面，因為國家在其中起到有效的規劃和調控作用，這一點在計劃經濟體制中體現得尤為顯著；公有制還能使工業投資，特別是技術投資，擺脫短期效應，而可以關注經濟長期發展，從而促進一個國家實現跨越式發展。正是在公有制的推動下，中國的工業體系才能從無到有建立起來，逐漸擺脫了工業體系不全、大量產品需要依賴進口的局面，初步建立了完整的工業體系。在新中國成立前，中國許多產品不能自己生產，例如我們熟知的洋油、洋車等一些稱呼，其名稱來源就是因為自己不能生產需要進口。而新中國成立後，依靠艱苦奮鬥、自力更生，逐步建立了自己的工業體系，在這個過程中，湧現出像大慶油田的王進喜等先進的事蹟，正是這樣的力量推進了我們的社會主義建設。另外，在軍事工業方面也取得了巨大進步，不僅像槍炮這樣的常規武器能夠自主生產，像原子彈、氫彈等戰略武器也在極端

困難的情況下生產出來，極大地提升了我們國家的地位。這些進步，也使中國逐漸擺脫了 100 多年來，我們在軍事方面全面落後於發達國家的局面。

（二）改革開放時期

改革開放以來，中國經濟持續高速發展，社會快速進步，在 40 多年的發展歷程中，已經完成由站起來到富起來的轉變，而現在正在進入強起來的發展階段。

首先，通過改革開放解放了生產力，國家經濟實力空前提升。自鴉片戰爭以來，中國的國際地位整體處於不斷下降趨勢，直到抗日戰爭勝利特別是中華人民共和國成立，中國的國際地位才開始逐步提升。但是，這種地位的提升主要體現在軍事的勝利、國家獨立、國家技術提升、工業體系完善等方面，整體經濟規模在全球地位提高得不夠迅速。而在改革開放後，經濟以平均每年超過 9% 的增長速度迅速發展，經濟規模迅速提升，在國際上的位次不斷攀升。目前，中國國內生產總值僅次於美國，超過了包括日本、歐洲傳統諸強國以及俄羅斯，可以說，國家經濟實力得到快速提升，在全球創造了一個經濟發展的奇跡。

改革開放以來中國經濟發展大致可以分為兩個階段：1997 年之前，經濟整體呈現短缺狀態，即在市場上供給量明顯低於需求量，由於此時產品或者服務的價格由賣方決定，因此也被稱為賣方市場；1997 年之後，經濟整體轉變為供給量超過需求量的買方市場。在這裡僅僅以 2000 年以後中國主要工業品的產量增加來展示中國經濟發展成就。在表 1-1 列出的 27 種主要產品中，在 2000 年到 2015 年 15 年間，

產量增幅絕大多數保持在幾倍以上，只有原油產量增幅低於 100%，只有 31.6%，其餘的 26 種產品均高於 100%。其中，移動通信手持機產量從 5247.9 萬台提高到 181261.4 萬台，增幅達 3354.0%，年均增幅高達 26.6%，在所有產品中增長最快，這與中國作為世界手機第一生產大國的地位相符；汽車產量增幅位居第二，高達 1083.7%，年均增長幅度達 17.9%，中國已經從一個汽車生產能力極度落後國家，成為世界上產銷第一大國。2015 年汽車產量達 2450.35 萬輛，而同期生產量排名第 2 和第 3 位的美國和日本，產量分別為 1210.01 萬輛和 927.82 萬輛[1]，二者累計為 2137.83 萬輛，僅為中國產量的 87.2%，表明中國已經遠遠將 20 多年前遙遙領先的發達國家甩在身後。原鋁（電解鋁）產量的增長幅度也超過了 10 倍，達到 1024.2%，年均增幅高達 17.5%，這與這一時期中國重工業快速發展，相關產品產量迅速增加有關。整體來看，隨著工業產量的迅速提高，中國已經成為名副其實的「世界工廠」，大多數工業產品已經位居世界前列。據統計，2016 年在全球 500 多種主要工業產品中，中國有 220 多種產品產量位居世界第一[2]。

其次，中國的國際影響力空前提高。開放是中國後 30 年最大的特徵之一。通過開放，我們增強了國際交流，更加充分地利用了國外的資源為中國發展服務，並在開放過程中逐步提高了中國的影響力。

---

1 ＜2015 年全球十大汽車生產及銷售國排名情況分析＞，http：//mt.sohu.com/20160607/n453349234.shtml。

2 ＜中國穩居製造大國之首 主要工業品四成左右產量全球第一＞，http：//finance.people.com.cn/n1/2017/0217/c1004-29089535.html。

目標

一是擴大了對外經濟交流。自改革開放以來，中國對外經濟交流水準迅速提高。在國際貿易方面，中國對外貿易水準迅速提升，特別是在 2001 年年底中國恢復加入世界貿易組織以來，進出口增加更為迅猛。需求是拉動經濟發展的主要因素，在國內需求增加較為緩慢的情況下，借助於國際市場來拉動國內經濟增長，便成為一個戰略性選擇。改革開放以來中國經濟迅速發展，與進出口特別是出口的迅速增加息息相關。這造成的一個結果便是，「中國製造」作為一個品牌，已經走向了全世界，部分發達國家已經對中國製造相當依賴。當然，這時候的「中國製造」還停留在物美價廉的水準，利潤很低。在外資方面，改革開放初期，我們充分利用外資，使外資成為中國在資金不足時的一個重要資金來源，推動經濟發展。另外，中國利用外資的目的不僅僅是為了彌補資金不足，更看重這些外資在技術、管理、品牌等方面的優勢，積極發展合資和合作，推動中國工業的發展。而隨著中國經濟快速發展，資金逐步豐裕，「走出去」已經成為必然趨勢。到目前為止，中國的企業已經在世界多個國家進行投資，投資規模不斷擴大，到 2016 年中國對外直接投資額（不含銀行、證券、保險）達到 11299 億元，按美元計價為 1701 億美元，比 2015 年增長 44.1%[1]。對外直接投資，具有多方面的好處：可以充分利用國外的發展機會和資源，促進中國經濟發展；可以充分利用國內已經過剩的生產能力，化解過剩產能；可以帶動發展中國家發展，促進中國的經濟影響力，並塑造中國的嶄新形象。

---

1 資料來源於《中華人民共和國 2016 年國民經濟和社會發展統計公報》。

　　二是中國參與國家合作的影響力不斷增加，中國的話語權逐步提升。隨著中國綜合實力的逐步提升，中國所參與的國際合作範圍不斷提高，並由過去的參與向主導轉變。例如，中國參與創建了上海合作組織、金磚國家峰會等相應的組織和會議，不斷促進相關國家的多方面合作與信任，中國在這些組織和會議中起到了重要作用。在經濟組織方面，為了應對發達國家利用自己傳統經濟國際經濟組織上的主導權排斥新興國家，而積極主導建立了亞洲基礎設施投資銀行、金磚國家合作開發銀行等組織，儘管這些組織的經濟職能尚未完全發揮，但是這些組織本身就在積極探索新的國際經濟合作機制，對於促進未來國際經濟合作具有重要意義，當然這對提高中國的影響力也大有裨益。另一方面，在一些傳統的組織中，中國的話語權也在逐步提高。例如，在國際貨幣基金組織方面，2016 年中國股份的份額從之前的 3.996% 提高到 6.394%，排名從第 6 位躍居第 3 位，僅次於美國和日本，這就意味著中國在國際貨幣基金組織中的話語權得到大幅提高，對其規則的制定影響力得到提升。

　　三是中國的文化影響力正在快速擴大。隨著中國經濟影響力不斷增加、對外合作的力度不斷擴大，中國和國外的文化交流隨之迅速擴大，中國的文化影響力也在迅速提高。現在，中國的儒家文化、飲食文化、創新文化等在國際上掀起一股潮流。正如加拿大著名歷史學家、《全球文化大變局》作者讓－路易・魯瓦所說的：在 50 年前，中國文化在國際上是沒有影響的，而現在中國文化的影響力正在越來越大[1]。

---

1 〈中國文化在世界影響力不斷增大〉，《深圳特區報》2015 年 11 月 7 日第 23 版。

目標

表 1-1　2000～2015 年部分年份中國規模以上工業主要產品產量

	2000 年	2005 年	2010 年	2015 年	2015 年比 2000 年產量 增加幅度
原煤產量（億噸）	13.84	23.65	34.28	37.47	170.7%
原油產量（萬噸）	16300	18135.29	20301.4	21455.58	31.6%
布產量（億米）	277	484.39	800	892.58	222.2%
純鹼（碳酸鈉）產量（萬噸）	834	1421.08	2034.82	2591.8	210.8%
乙烯產量（萬噸）	470	755.54	1421.34	1714.6	264.8%
農用氮、磷、鉀化肥產量（萬噸）	3186	5177.86	6337.86	7431.99	133.3%
初級形態的塑膠產量（萬噸）	1087.51	2308.86	4432.59	7807.66	617.9%
化學藥品原藥產量（萬噸）	52.57	126.7	226.14	334.81	536.9%
化學纖維產量（萬噸）	694	1664.79	3090	4831.71	596.2%
橡膠輪胎外胎產量（萬條）	12157.87	34390.06	77611.83	92831.39	663.5%
水泥產量（萬噸）	59700	106884.8	188191.2	235918.8	295.2%
平板玻璃產量（萬重量箱）	18352.2	40210.24	66330.8	78651.63	328.6%
粗鋼產量（萬噸）	12850	35323.98	63722.99	80382.5	525.5%
鋼材產量（萬噸）	13146	37771.14	80276.58	112349.6	754.6%
十種有色金屬產量（萬噸）	783.81	1635	3120.98	5155.82	557.8%
精煉銅產量（萬噸）	137.11	260.68	458.65	796.2	480.7%

續表

	2000 年	2005 年	2010 年	2015 年	2015 年比 2000 年產量 增加幅度
原鋁（電解鋁）產量（萬噸）	279.41	778.68	1577.13	3141	1024.2%
發動機產量（萬千瓦）	18857.3	36563.46	138592	203179.4	977.5%
汽車產量（萬輛）	207	570.49	1826.53	2450.35	1083.7%
發電機組產量（萬千瓦）	1249	9200	12880.21	12431.38	895.3%
家用電冰箱產量（萬台）	1279	2987.06	7295.72	7992.75	524.9%
房間空氣調節器產量（萬台）	1826.67	6764.57	10887.47	14200.35	677.4%
家用洗衣機產量（萬台）	1442.98	3035.52	6247.73	7274.5	404.1%
移動通信手持機產量（萬台）	5247.9	30354.21	99827.36	181261.4	3354.0%
筆記本電腦產量（萬台）	——	4564.99	18584.12	17436.03	282.0%
彩色電視機產量（萬台）	3936	8283.22	11830.03	14475.73	267.8%
發電量（億千瓦小時）	13556	25002.6	42071.6	58145.73	328.9%

資料來源：國家統計局網站年度資料。由於 1997 年的資料缺乏，因而將 2000 年作為開始年份。其中，筆記本電腦產量的增幅是根據 2015 年資料與 2005 年資料計算而出。另外，部分資料由於指標的變動，在不同年份的《中國統計年鑑》中，表現差距較大。如在 2001 年的《中國統計年鑑》中，2000 年移動通信設備的產量為 1505.0 萬部，而在 2006 年統計年鑑中，統一指標後的「移動通信手持機」2000 年產量則為 5248 萬部。

中華民族偉大復興的內涵及參照分析

中華民族的偉大復興具有深刻的內涵，它包含國家、民族和人民的全面含義。從世界歷史看，國際範圍內有幾次值得廣泛關注的國家興盛的案例，可以為中華民族偉大復興提供一定的參照。需要特別注意的是，中華民族的偉大復興，不僅僅是中華民族從落後到強盛的進程，其本質更是社會主義的再度興盛，對全球社會主義運動具有重要的意義。

第一節　中華民族偉大復興的內涵

2013 年，在接受拉美三國媒體聯合採訪時，習近平總書記指出：「在新的歷史時期，中國夢的本質是國家富強、民族振興、人民幸福」，這三點就是中華民族偉大復興的內涵。

一、國家富強

國家富強，就是國家經濟富裕，實力強大。本文認為，國家富強在此處主要體現為三方面：一是經濟富裕，二是科技實力強大，三是軍事力量強大。

（一）經濟富裕

一般來說，國家層面的經濟富裕，首先是指經濟規模大。但是，在這裡我們必須要指出，我們所說的中華民族的偉大復興，絕對不僅僅是國內生產總值位居全球第一，而是要輔以其他指標。這是因為，即使在 19 世紀中國走下坡的絕大多數年份裡，中國的國內生產總值高居世界第一，但是這也不能掩蓋中國實力下滑的事實。同樣，如果中國國內生產總值在未來超越美國位居世界第一，可以說我們在中華民族偉大復興的道路上實現了一個重要的創舉，但是不能簡單認為中華民族已經實現全面復興，而是還需要一段時間艱苦努力，正如習近平總書記 2012 年 11 月 29 日參觀《復興之路》展覽時的講話中所指出的，「到新中國成立 100 年時建成富強民主文明和諧的社會主義現代化國家的目標一定能實現，中華民族偉大復興的夢想一定能實現」。經濟富裕，可以從如下兩個指標來綜合衡量。

1. 經濟總規模

經濟總規模是衡量一個國家綜合實力的最重要標準之一，即便是人民生活不算富裕（即人均收入不高）的情況下，經濟總規模大，也是國家經濟實力強大的表現。

目標

從經濟總規模角度看，中國在改革開放近 40 年的時間內，一直處於高速增長，在全球的位次不斷上升。1978 年，中國 GDP 為 3678.7 億美元，而到 2016 年則達到 744127 億元[1]，如果不扣除物價因素，則在 38 年時間內 GDP 提高了 201.3 倍，而在扣除了物價因素後，實際增長了 35.0 倍。從國際比較情況看，根據 2008 年 10 月 27 日國家統計局發佈的改革開放 30 年經濟社會發展成就系列報告的相關資料，1978 年中國 GDP 折算成美元為 1482 億美元，在全球排名第 10 位。而到 2016 年，按照全年平均匯率 1 美元兌換人民幣 6.6423 元計算，中國國內生產總值是 112028.5 億美元，在全球排名第二，同年美國的 GDP 為 182341.5 億美元[2]，中國是美國 GDP 的 61.4%，考慮到這一數值是在中國匯率貶值 6.2% 的基礎上得到的，實際比重應該更高。

我們說經濟總規模大，在很大程度上意味著國家綜合實力強，這是因為造就經濟總規模較大的可能性主要有三個：一是儘管人均收入不算高，但是國家人口多，國土面積大。這類國家的典型代表是中國和印度。從中國的情況看，中國人口高達 13.71 億（2015 年資料），而同期美國的人口僅為 3.21 億，中國人口是美國的 4.3 倍，這就導致中國雖然人均 GDP 與美國差距很大，但是經濟總規模卻相差不大。另外，相較於人口規模較小的國家，人口眾多的發展中國家更易建成較為完備的工業體系，儘管其工業技術水準可能並不處於世界先進水

---

1 2016 年資料來源於《中華人民共和國 2016 年國民經濟和社會發展統計公報》。

2 根據《中國統計年鑑》（2016 年）的資料，美國 2015 年 GDP 為 179470 億美元，而根據美國商務部在 2017 年 3 月 30 日公佈的資料，2016 年美國 GDP 實際增長率為 1.6%。美國 2016 年的 GDP 即是根據這兩個資料計算而成。

準，但是這決定了這些國家能夠生產出本國所需的產品，軍事工業的獨立性較強，在處於戰爭狀態時能夠經得起消耗戰。這一點中國和巴西較為典型。中國早在改革開放之前，就已經建立了較為完備的工業體系，而在改革開放之後，這一工業體系向著規模更大、技術水準更高、競爭力更強的方向發展。2009 年，中國的製造業規模已經達到全球第一，成為名副其實的「世界工廠」，並向著製造業強國進軍。二是盡管國家人口不算特別多，但是經濟發達程度高，導致經濟總規模大。這樣的國家在歐洲較為普遍，例如德國、法國和英國，人口並不算特別多，2015 年三個國家人口分別為 8141 萬、6681 萬和 6514 萬，人口的數量尚不及菲律賓（10070 萬）。但是由於經濟較為發達，其經濟規模（國內生產總值）分別達到 33558 億美元、24217 億美元和 28488 億美元，在全球排名中位於前列。同時，這樣的國家在技術實力方面雖然無法和美國相提並論，但是整體技術實力在全球位於前列，例如英國在技術研發、科學探索等方面位居世界前列，部分領域處於全球領先；德國儘管在新技術和新產業方面不及美國，但是製造業的競爭力十分強大，以工業 4.0 為代表的新的工業生產體系正在引領全球製造業生產方式的變革。三是人口眾多，經濟又發達。這樣的國家最為典型的就是美國，其國家綜合實力之強大不必贅言。

2. 人均國內生產總值

人均國內生產總值是在單指標系列中，最能反映一個國家發達程度的指標。一般來說，人均國內生產總值越高，則這個國家的發達程度越高，反之也是如此。例如，美國作為發達國家的代表，其人均GDP 在 2015 年達到 55837 美元，是全球平均水準（9996 美元）的 5.6 倍，

是中國的 7.0 倍。當然，作為單一指標，其中也會有些國家例外，例如我們常說的石油國家，其人均國內生產總值往往會比較高，但是這些國家卻不能被歸為發達國家，在經濟分析中，往往將這些國家單列。這些因素就導致這些國家綜合實力實際上比較弱，富而不強，不能歸在富強國家的行列。

　　當然，在衡量國家富強時，我們可以使用一系列指標，如果用最少的兩個指標衡量，最具全面性的兩個指標搭配便是國內生產總值和人均國內生產總值。這是因為，這兩個指標一個代表了經濟總量，一個代表了經濟發展的程度，二者的結合，能夠較為全面地反映經濟發展的富強程度。而換個角度說，我們追求的中華民族偉大復興，在國家富裕方面，要達到的兩個最重要、最基本的目標便是國內生產總值和人均國內生產總值均要在全球居於較高水準，不能單看某一指標。

（二）科技實力強大

　　科學技術是第一生產力，科技在經濟體系中的地位不言而喻。事實上，在全球經濟體系由傳統的靜態向近代的動態發展進程中，科技起著重要的作用。我們可以這樣說，經濟從近代到現代發展的進程，便是技術創新對經濟推動作用不斷增強的過程。對一個國家而言，科技實力是否強大，直接關係到綜合國力的強弱。沒有強大的科技實力作為支撐，一個經濟規模龐大、人口數量眾多的國家，可能被人口數量少但是科技實力強大的國家所擊敗。例如，在抗日戰爭初期，中國之所以被日本侵佔大量國土，重要原因之一便是兩個國家當時的科技實力具有較大差距，這一點在軍事科技方面尤為明顯。反之，一些國

家人口較少、經濟總量不算特別大，但是因為在部分領域的科技實力較為突出，因而使得國家整體實力較強。例如，芬蘭是一個地處北歐一隅、天氣寒冷的國家，面積為 33 萬平方公里，而人口卻僅 500 多萬，是一個典型的地廣人稀的國家。但是這個國家創新能力卻十分突出，多次被世界經濟論壇評為世界上最具競爭力的國家之一，並創造出像諾基亞這樣曾經實力出眾、引領科技創新的公司。現在，諾基亞公司的經營舉步維艱，但是對芬蘭來說，卻沒有產生對經濟發展的致命性影響，其整體創新能力依然十分突出，經濟發展也較具活力。在 2015 年歐盟公佈的成員國創新能力排行榜中，瑞典排名居首，而丹麥和芬蘭則緊隨其後。這是因為除了諾基亞這樣一個全球知名的公司之外，芬蘭在許多技術領域都居於全球領先水準，如資訊科學、生命科學、能源和再生能源科學、新材料、空間科學、海洋科學、環境科學等，同時湧現出一批新的具有全球競爭力的公司。在強大科技實力的推動下，芬蘭經濟整體競爭力也居於全球前列，2015 年達到第 8 位，這對一個人口小國而言，十分不容易[1]。

正是科學技術在經濟發展中的重要性日益提升，中國提出了創新驅動發展戰略。這一戰略簡略地說，就是要大幅提高技術創新在經濟發展中的貢獻率，要把依靠要素投入和投資來推動經濟增長，改為主要依靠技術創新推動，這實質是經濟發展轉型的主要特徵之一。綜合來看，中國在科技方面的整體實力正呈現逐步提高的趨勢。在技術創新投入方面，中國呈現快速提高趨勢，由 2001 年的 1042.5 億元提高到 2015 年的 14169.9 億元，名義上提高了 12.6 倍，年均名義增長率

---

1 楊棟：〈芬蘭：創新之國〉，《金融博覽（財富）》2016 年第 11 期。

高達 20.5%；從中國研發經費支出與國內生產總值比例看，這一指標逐年攀升，從 2001 年的 0.95% 提高到 2015 年的 2.07%，14 年時間提高 1.12 個百分點；從創新產出指標看，中國專利授權量從 2001 年的 114251 件提高到 2015 年的 1718192 件，14 年時間提高了 14.0 倍，年均增長率高達 21.4%，高於同期研發經費的名義增長率。其中，發明專利的數量從 2001 年的 16296 件提高到 2015 年的 359316 件，14 年時間增長了 21.0 倍，年均增長率高達 24.7%，高於專利授權量增長率 3.3 個百分點。這表明中國技術創新呈現出量質齊升的局面，整體發展勢頭良好。從技術創新的具體成果來看，中國取得了一系列先進成果，部分領域已經達到或者接近國際先進水準。例如，中國高鐵在相關政府部門主導下，整合 25 所大學、11 個研究院所、3 個整車企業、500 家零部件企業等組織組建聯合研發團隊，攻克了從 250 公里跨越到 380 公里新一代高速列車的相關技術難關，最終在高鐵領域達到了世界先進水準[1]；在特高壓輸變電領域，中國連續攻克特高壓交流 1000 千伏、直流 800 千伏技術難題，實現了相關技術國產化，到目前，中國已經全面掌握了特高壓領域核心技術，設備國產化率已經超過 90%，打破了國外先進企業在此領域的壟斷地位，並達到世界先進水準[2]。

但是從整體產業技術體系看，中國影響產業發展大局的核心技

1 萬鋼：〈輝煌十二五「十二五」以來特別是黨的十八大以來中國科技創新重要進展和成就〉，http://news.12371.cn/2015/10/22/ARTI1445451095310860.shtml，2015 年 10 月 22 日。

2 萬鋼：〈輝煌十二五「十二五」以來特別是黨的十八大以來中國科技創新重要進展和成就〉，http://news.12371.cn/2015/10/22/ARTI1445451095310860.shtml，2015 年 10 月 22 日；〈中國特高壓技術達到世界領先水準 交直流設備國產化率均超過 90%〉，《證券日報》2014 年 5 月 15 日。

術、關鍵技術領域依然沒有取得重大進展，在技術領域受制於人的格局尚未改變。例如，中國在光學、運輸、音像技術、醫藥技術、半導體方面依然處於弱勢，關鍵技術領域的技術優勢仍由發達國家掌握[1]；在汽車領域，目前中國自主品牌企業的發動機高壓共軌、渦輪增壓等關鍵技術依然落後，多數企業沒有掌握相關技術[2]。整體而言，中國在多數領域依然還處於技術追隨者角色，真正能夠在技術上與發達國家並駕齊驅的產業不多，有些領域雖然縮小了與發達國家的技術差距，但是鑑於突破核心技術的難度遠遠高於一般技術，因此要真正實現追趕甚至反超，可能還需要較長時間。整體來看，要實現中華民族的偉大復興，實現國家富裕，我們還需要在技術創新方面繼續加強，以便不斷增強綜合國力。

（三）軍事力量強大

軍事力量強大，是一個國家富強的重要組成部分，沒有軍事力量的強大，則國家經濟富裕和科技實力強大，也無法保證國家的安全，從而可能面臨侵略而使經濟和科技的發達化為烏有。在歷史上，中國宋代的經濟強盛可以說達到了封建時代的頂峰，科技實力也相當出眾，但是由於軍事力量的弱小，而不斷被周邊國家所欺凌，甚至在南宋時期丟掉了半壁江山。

---

1 劉中顯：《中國產業轉型發展：理論與實踐》，中國市場出版社 2013 年版，
　第 15 頁。
2 張宗法：〈我國車用發動機技術現狀分析及發展對策〉，《小型內燃機與摩托車》
　2013 年 2 月第 42 卷第 1 期。

目標

軍事力量強大需要強調兩點：一是在現代戰爭的環境下，軍事力量強大越來越依靠先進的軍事技術、軍事裝備和軍事組織形式，而對軍隊人員數量的要求則相應降低。換句話說，現代戰爭並不講究「人海戰術」，更多是看誰的軍事裝備更先進、軍事技術水準更前沿。在現代戰爭條件下，要真正獲得軍事力量的優勢，就必須在軍事裝備和軍事技術水準上下工夫，而軍隊數量則不需要過於龐大，因為在軍費數額已定的情況下，過多的軍隊人員數量會影響到軍隊裝備現代化的投入。二是軍事力量強大需要與國家實力相配合，不能過分脫離國家實力盲目追求軍事強大，同時，在國家實力強大的情況下也應適度增加軍事投入。古往今來，國內國外有許多案例表明，脫離國家經濟狀況和綜合國力，過分追求軍事的龐大，並不利於國家發展。另一方面，一些國家在過去較長時間內，經濟發展較快，而一般隨著國家實力增強，軍事費用增加也是合理的安排。例如，中國在改革開放 40 多年內經濟增長位居全球前列，經濟實力得到突飛猛進的增長，因而在這種情況下，適度增加軍費支出，加快軍隊現代化進程，屬於合理安排。當然，中國謀求軍事力量的增強，是在和平發展前提下的安排，而非為了謀求霸權。正如習近平總書記 2014 年 3 月在德國訪問時所指出的，中國始終堅持獨立自主的和平外交政策，反對霸權主義和強權政治，不干涉別國內政，永遠不稱霸，永遠不搞擴張，中國的國防預算是符合中國這樣一個大國國防建設正當需要的，中國絕不走「國強必霸」的道路，但中國也再不能重複鴉片戰爭以後在列強堅船利炮下被奴役被殖民的歷史悲劇。[1]

---

1 〈習近平回應中國軍費問題：不能重複鴉片戰爭悲劇〉，http：//sc.people.com.cn/n/2014/0329/c345167-20885702-2.html，2014 年 3 月 29 日。

二、民族振興

民族振興是中華民族偉大復興的重要內容。從寬泛意義上來說，民族振興本身就包括經濟振興、政治清明、文化昌盛之意，包括的內容十分廣泛，但從狹義上說，民族振興應著重從國家軟實力的提高角度去理解。

軟實力的概念是由哈佛大學教授約瑟夫·S·奈最早提出的，他認為軟實力是一種來自文化、政治價值觀和外交政策三個資源的吸引力和同化力[1]。顯然，軟實力是一種不同於硬實力的、構成國家綜合實力的因素，而硬實力主要是指國家的物質實力，這些實力是能夠清清楚楚看到、由有具體形體的物質相支撐，而軟實力則靠的是文化、價值觀等無形因素的吸引力轉化而來的無形實力。

軟實力對於一個國家具有十分重要的作用，它能做到國家硬實力所不能達到的目的。例如，美國等發達國家，儘管物質力量十分強大，但是卻不可能靠硬實力來達到它追求的所有目標，如對某些國家的和平演變以及對某些國家的價值觀產生影響等。但是通過好萊塢電影對其價值觀的宣傳，則會在不知不覺中對許多國家的人產生影響，在無形中改變他們的價值觀以及對美國的看法，最終增加美國在全球的影響力，從而進一步增進美國利益。另一方面，如果一個國家雖然經濟實力很強，硬實力很強大，但是如果軟實力很弱，則其在全球交往中，會遇到各種不利因素，增加國家交流、利用全球環境為本國謀

---

1 轉引自熊正德、郭榮鳳：〈國家文化軟實力評價及提升路徑研究〉，《中國工業經濟》2011 年第 9 期。

福利的成本，從而不利於國家整體實力和影響力的提升。

　　構成軟實力的因素中，最重要的是文化。不同國家，在發展進程中，形成了自己民族獨特的文化，這種文化的影響力就構成軟實力最為重要的部分。實際上，不同國家和地區的文化存在著不同程度的差異，而基於背景的差異，東西方文化差異則很大。例如，在西方文化中，普遍比較重視個人主義，高度崇尚個人通過努力奮鬥獲得成功的模式，自我意識和獨立意識都比較強，雖然也強調團隊合作，但是整體來說，對於集體和他人的關心相對較弱。相反，東方的文化則比較重視集體主義，強調個人通過集體來實現其價值，而對於個人的自由強調得則不明顯。但是，現在西方的文化影響較大，在很大程度上影響到了全球，一個重要的原因便是西方文化通過電影、電視、各種形式的教育等方式影響著中國。而這其實就是西方文化軟實力的一種體現。當然，隨著中國經濟發展，中國的一些文化因素對於西方的影響力也逐步增大，這也是中國文化軟實力提升的表現。

　　政治價值觀是構成國家軟實力的另外一個重要因素。所謂的政治價值觀是指社會成員對政治世界、人民和政府的關係等問題的評價標准，這一標準一旦在全社會形成，則具有相當的固化性。一般來說，各國政府會通過各種方式，來不斷促進統一政治價值觀的形成，以達到最有利於自身的目的。當前階段，由於歐美的軟實力較強，導致西方的政治價值觀影響力較大，這在客觀上不利於中國社會主義政治價值觀的宣傳。然而，隨著中國社會主義建設成就日益突出，在全球經濟發展陷入低迷、美國對全球政治的影響力日漸削弱的情況下，中國的影響力正不斷提升，社會主義政治價值觀的影響也正在不斷擴大。社會主義政治價值觀注重強調黨的領導，強化公有制在經濟體系中的

主體地位，注重經濟發展的宏觀調控等，這些成功因素正在受到越來越多發展中國家的重視。

外交政策是構成國家軟實力的另外一個重要因素。例如，美國的軟實力提升，與其在二戰後形成的充當「世界員警」的外交政策有關。這種政策實際上就是對其利益構成影響的國家，施加各種程度的影響，其中就包括對國外的政府及其他組織進行直接操縱，甚至不惜採取戰爭的手段。美國的這一外交政策，粗暴地干涉其他國家內政，給這些國家的民眾帶來苦難，已經引起越來越多國家的反對，甚至其傳統盟友在一些問題上也已經開始與其意見相左，這也成為美國軟實力和國際影響力不斷降低的因素之一。相反，中國所推行的外交政策，不干涉其他國家內政，對其他國家的經濟合作與援助不附帶不合理的條件，已經使越來越多的發展中國家願意和中國合作，這實際上推動了中國軟實力的提升。

最後，需要強調一點，軟實力的提升離不開硬實力，二者是相互補充的。縱觀全球，軟實力不斷提升的國家，往往硬實力也處於不斷上升的進程，離開硬實力的軟實力，就如無基之塔，不能長久存在。這是因為在很大程度上，硬實力的提升會使這個國家成為其他國家效仿的榜樣，而其相關的文化、制度、政策等因素也會成為其他國家學習的內容，從而會促進其軟實力的迅速提高。

三、人民幸福

人民幸福是中華民族偉大復興的重要內容。人民幸福，主要包括人民生活水準提高，各種社會福利和公共服務到位，實質上就是讓

目標

人民享受到經濟和社會發展的相關利益，在國家強盛、民族振興進程中，同步享受到相關好處。在新發展理念中，共用作為其中重要的一個理念，在很大程度上所體現的就是人民幸福的內容。

（一）人民生活水準的提升

人民生活水準的提升，主要可以通過人民收入水準的提高和消費支出水準的提升來體現，這二者是一個問題的兩方面：收入水準的提高是人民生活水準提升的基礎，消費水準的提升是人民生活水準提升的直接表現。

收入水準是反映人民生活水準的最重要指標之一，毫無疑問，隨著一個國家或地區的經濟發展，人民收入水準也不斷提高。這裡需要強調的兩個問題是：第一，人民收入水準和人均國內生產總值是兩個不同的概念，不能混淆。人均國內生產總值是簡單地用國內生產總值除以人口而得出的概念，它能夠在很大程度上反映一個國家經濟發展的程度，但是卻不是人民的真實收入。而人民的收入水準則是人民的真實收入，它要低於人均 GDP。我們常說的人均收入，往往是指人均可支配收入，它是在扣除稅收及相應的其他費用後，人民到手的實際收入。在中國的統計指標中，2013 年之前沒有一個統一的人均可支配收入指標，而有兩個主要指標，一是城鎮居民可支配收入指標，二是農村人均純收入指標。這主要是因為農村在很大程度上收入保留了無法直接用貨幣衡量的物質形態收入部分，包括自留地的產出以及自己飼養的禽類、蛋類產出等。但是城鎮居民可支配收入指標，不能反映城鎮居民在醫療、住房等方面享有的福利。這兩個指標的形成，與我

國長期以來存在的城鄉二元化直接相關。而在 2013 年之後，城鎮和農村居民調查的指標採用了新口徑，均採用了人均可支配收入指標。第二，人均可支配收入指標不能反映分配的狀況，因此必須要考慮到收入分配的差距，才能全面反映人民收入狀況。如果收入差距很大，則可能出現這樣一種情況，即儘管人均收入處於不斷增長的狀況，但是收入的增量部分被少數富裕群體佔有，而多數的人則收入未同步增長甚至實際收入有所減少。在這種情況下，我們很難說，所有人的生活水平提高了，進而得出結論說人民生活幸福了。

從中國的情況看，中國城鎮居民的人均可支配收入和農村人均純收入均隨著人均 GDP 提高而不斷提高。如表 2-1 所示，在 1978 年到 2012 年間，中國人均國內生產總值從 385 元增加到 40007 元，在扣除物價因素的情況下，2012 年比 1978 年提高了 16.34 倍；同期城鎮居民人均可支配收入從 343.4 元增加到 24564.7 元，2012 年比 1978 年提高了 10.47 倍；農村居民人均純收入從 133.6 元增加到 7916.6 元，2012 年比 1978 年提高了 10.77 倍。可以看出，無論是城鎮居民還是農村居民，人均純收入基本與人均 GDP 呈現同步變動，但是人均收入增長的速度明顯低於人均國內生產總值的增長速度，這表明在改革開放的 30 多年裡，人民雖然享受到發展的成果，但是享受的程度還需要繼續提高。而城鎮居民和農村居民增加速度基本相同，這表明在 30 多年的時間裡，二者的收入增長基本保持了同步，不存在城鄉差距繼續拉大的問題。進入 2013 年以來，人均可支配收入增長速度明顯高於人均國內生產總值增長速度，例如 2015 年和 2014 年全國人均可支配收入增長速度分別達到 10.1% 和 8.9%，均明顯高於人均國內生產總值，這也表明人們享受經濟發展成果的速度在明顯提升。

目標

表 2-1　1978—2015 年中國人均可支配收入及人均 GDP 情況

時間	城鎮居民人均可支配收入（元）	城鎮居民人均可支配收入指數（1978年=100）	農村居民人均純收入（元）	農村居民人均純收入指數（1978年=100）	人均國內生產總值（元）	人均國內生產總值指數（1978年=100）
1978	343.4	100	133.6	100	385	100
1979	405.0	115.7	160.2	119.2	423	106.2
1980	477.6	127.0	191.3	139.0	468	113.1
1981	500.4	129.9	223.4	160.4	497	117.3
1982	535.3	136.3	270.1	192.3	533	126.0
1983	564.6	141.5	309.8	219.6	588	137.6
1984	652.1	158.7	355.3	249.5	702	156.4
1985	739.1	160.4	397.6	268.9	866	175.1
1986	900.9	182.7	423.8	277.6	973	187.9
1987	1002.1	186.8	462.6	292.0	1123	206.5
1988	1180.2	182.3	544.9	310.7	1378	226.0
1989	1373.9	182.5	601.5	305.7	1536	231.9
1990	1510.2	198.1	686.3	311.2	1663	237.5
1991	1700.6	212.4	708.6	317.4	1912	256.0
1992	2026.6	232.9	784.0	336.2	2334	288.8
1993	2577.4	255.1	921.6	346.9	3027	325.1
1994	3496.2	276.8	1221.0	364.3	4081	363.4
1995	4283.0	290.3	1577.7	383.6	5091	398.9
1996	4838.9	301.6	1926.1	418.1	5898	433.9
1997	5160.3	311.9	2090.1	437.3	6481	469.1
1998	5425.1	329.9	2162.0	456.1	6860	501.1
1999	5854.0	360.6	2210.3	473.5	7229	534.8
2000	6280.0	383.7	2253.4	483.4	7942	575.7
2001	6859.6	416.3	2366.4	503.7	8717	619.1

續表

時間	城鎮居民人均可支配收入（元）	城鎮居民人均可支配收入指數（1978年=100）	農村居民人均純收入（元）	農村居民人均純收入指數（1978年=100）	人均國內生產總值（元）	人均國內生產總值指數（1978年=100）
2002	7702.8	472.1	2475.6	527.9	9506	671.2
2003	8472.2	514.6	2622.2	550.6	10666	734.0
2004	9421.6	554.2	2936.4	588.0	12487	803.4
2005	10493.0	607.4	3254.9	624.5	14368	889.7
2006	11759.5	670.7	3587.0	670.7	16738	997.3
2007	13785.8	752.5	4140.4	734.4	20505	1133.3
2008	15780.8	815.7	4760.6	793.2	24121	1236.3
2009	17174.7	895.4	5153.2	860.6	26222	1345.8
2010	19109.4	965.2	5919.0	954.4	30876	1481.8
2011	21809.8	1046.3	6977.3	1063.2	36403	1615.4
2012	24564.7	1146.7	7916.6	1176.9	40007	1733.8
2013	26467.0	——	9429.6		43852	1859.1
2014	28843.9		10488.9		47203	1984.7
2015	31194.8		11421.7		50251	2110.9

資料來源：《中國統計年鑑》（各年）。在 2013 年以前，沿用城鎮居民家庭人均可支配收入和農村居民家庭人均純收入指標；2013 年以後統一使用人均可支配收入指標。由於 2013 年的統計口徑進行了調整，所以無法和之前的資料直接比較。

　　人均消費支出水準是直接反映人民生活水準的指標之一。顯然，人們的物質及部分精神方面的享受需要通過消費支出來實現，因此人們消費水準越高，就說明人們在物質及精神方面享受的水準較高，因而也可以在很大程度上認為，人民生活更富裕更幸福。就人均消費支出和人均收入關係而言，一般來說，人均消費支出會隨著人均收入水平的提高而呈現提高趨勢，但是還有許多其他因素影響著消費支出。例如，人們未來生活保障程度以及社會福利對人均消費支出就是一個

明顯制約的因素。在人們養老保障不足、醫療保障不充分的國家，消費支出會受到負面影響，因為人們需要儲蓄部分資金以備未來的不時之需，而不敢過分消費。另外，在房地產價格過高的時候，部分群體的消費會受到明顯的擠出，因為要購房的群體需要積攢收入用於買房或者買完房後需要將部分收入用於還貸款，住房對消費的這種不利作用被稱作「擠出效應」。另外，人們消費支出還受到習慣的影響，如美國人有提前消費的習慣，因而其人均消費的比重很高，而東亞人由於存在著較強的「為後代積蓄」的傳統，因而相比較於西方，人們更喜歡儲蓄，人均儲蓄傾向較高，也被很多經濟學家用來解釋東亞（主要是中國、日本和韓國）經濟持續增長。最後，還需要強調一個問題，那就是人均消費傾向遞減規律，即隨著收入持續增長，人們收入中用於消費的比重將持續下降而用於儲蓄的比重不斷上升，這就是凱恩斯提出的重要規律之一。這個理論暗含著一個推論，那就是人均貧富差距越大，則全社會中用於消費的比重越低，反之，則越高，從這一點上說，凱恩斯理論比新自由主義理論更注重社會公平。當然這也要求我們需要不斷縮小貧富差距，以提高人們的整體生活水準，並推動經濟可持續發展，因為只有消費不斷增加，才能形成經濟發展的拉動力。

　　整體來說，中國人均消費支出還不足。從宏觀來說，中國經濟發展存在的根本性問題便是有效需求不足，而導致這一問題的主要因素是人們消費支出水準不高，為了帶動經濟增長，政府在宏觀調控時，被迫依賴大量的投資，導致部分人所說的投資依賴問題。儘管投資在經濟增長方面的作用不能否定，但是毫無疑問，一個健康的經濟體必須主要依靠消費來帶動經濟增長。造成中國消費水準不高的原因主要包括幾個：一是收入的增長速度比國內生產總值的增長要低，這就意

味著人均收入增長速度沒有達到經濟增長的速度，直接影響了消費水平的提升，畢竟收入才是影響消費支出的最重要根源。二是儘管中國整體社會福利水準在不斷提高，但是與國外相比整體水準還不算高，這就在較大程度上制約著人們消費水準的提高。三是城鄉收入、不同階層之間的貧富差距較大，這就產生了收入高的群體的消費增長乏力（因為消費傾向遞減），而低收入階層又沒有足夠的能力去大量消費，這就造成宏觀上的消費不足。四是消費結構和供給結構的不匹配。這個問題主要體現在，中國的供給體系依然停留在層次較低的工業化大規模生產層次，所生產的產品個性化不足、技術含量相對較低、精細化程度也較弱，不能滿足人們日益增長的多樣化需求。

（二）社會福利和公共服務到位

社會福利和公共服務直接關係到人們生活幸福水準的問題。顯然，社會福利越高，公共服務越到位，人們生活的壓力就越小，生活就越容易怡然自得，從而獲得幸福感；反之，人們的保障程度就會降低，人們的壓力就相應增大，從而影響到人們的幸福感。因此，二戰之後，世界各國都在不同程度上重視社會福利和公共服務，其中北歐地區水準最高，例如瑞典建立了「從搖籃到墳墓」的優越社會福利體系，但是這一較高的福利保障水準，在很大程度上影響了經濟效率的提高，最終引發了部分國家的改革。但是，整體來說，保證較高的福利水準是保證人民幸福的重要保障，特別是作為社會主義國家，應特別重視這一點。中國社會福利水準處於不斷提高進程中，然而過去經濟發展水準低，難以支撐較高的福利水準。隨著中國經濟發展水準不

斷提升，我國社會福利水準正在快速提高，例如最近十年來，中國退休工人的工資以很高的增長速度提高，以保障退休工人能夠享受到發展的成果，為過幸福的晚年生活提供保障。同時，在醫療保障、養老保險方面，受到保障的人群正在不斷增加，保障程度不斷提高。其中，過去在社會福利方面享受程度較低的農村，其相關社會福利也得到快速提升。例如，農村合作醫療制度正在不斷深化，廣大農民在看病方面的經濟壓力不斷減少。

但是整體來看，要實現中華民族偉大復興所要求的人民生活幸福，中國的社會福利和公共服務還需要不斷提升。一方面，中國社會福利保障程度與西方發達國家，尤其是歐洲相比還存在差距，這就需要我們仍然要不斷努力，隨著經濟發展，提供與經濟發達程度相適應的社會福利供應，逐步提升全社會福利保障水準。另一方面，由於城鄉二元化體制尚未完全消除，城鄉之間在社會福利方面依然存在巨大差異，這就需要我們逐步在發展進程中，在保證城鄉社會福利水準不斷提高基礎上，消除二者之間的差距，直到實現二者完全無差別。另外，在公共服務方面，中國在不同群體、不同區域之間的供應方面尚存在較大差距。這就要求在公共資源配置方面做得更為合理。

四、中華民族偉大復興的主要特徵

中華民族偉大復興和之前的中華民族強盛以及其他民族的強盛都有所不同，它有自己的特點。

（一）進步的全面性

所謂進步的全面性，是指中華民族的偉大復興，不是單一某方面或者某些片面方面的強盛，而是全面的振興。一般來說，對於強盛的理解，往往偏向于強調武力的全盛，例如許多人談起漢武帝時期的強盛，更多的是因為那時候武力強盛，一掃之前對匈奴的軟弱而多次戰勝匈奴；又或者過於強調經濟規模，暗含將經濟規模大或者經濟強大作為強盛的唯一依據。如果僅僅按照經濟規模位居全球前列的標準，那麼即使在鴉片戰爭之後很長時間，中國都算一個「強盛」的國家，而這顯然不符合現實。退一步講，即便將包括人均國內生產總值等指標包含在內的、由一系列指標衡量的經濟強大包含在內，毫無疑問，這是國家強盛民族振興的一個重要標準，但是絕對不是唯一標準。以中華民族偉大復興的階段性目標，也就是全面建成小康社會為例，2012 年黨的十八大正式提出了「全面建成小康社會」的目標，這一目標主要包括經濟持續健康發展，人民民主不斷擴大，文化軟實力顯著增強，人民生活水準全面提高，資源節約、環境友好型社會建設取得重大進展 5 個方面。

正如前面剛剛論述，中華民族偉大復興主要包含國家富強、民族振興、人民幸福三個方面，而這三個方面其實都可以分解成許多細緻的指標，涉及社會主義建設的方方面面。例如，人民幸福涉及整個社會環境的友好性，而要達到這一點，就需要整個民族的平均道德素質和修養水準達到較高水準，我們現在離這一目標尚有差距。但是這一個問題較難量化研究，政府只能提倡而無法憑藉自身力量完全實現，它需要方方面面的因素來支持，因而政府在具體工作中難以將其作為

一個實質性指標來衡量自身工作。但是，這個問題絕非不重要，只是政府對其重視通過其他相關方面體現出來，例如提高教育水準、提升大家的生活水準、注重相關社會服務等，這些因素雖然不能和提升整個社會的道德素質和修養水準完全等同起來，卻能有效促進其提高。因此，我們所說的中華民族偉大復興是全方面的復興，絕對不僅僅是片面強調某些因素，是政治、經濟、文化、社會、生態等諸方面都取得巨大進步的狀態。

（二）民眾受益的廣泛性

中華民族的偉大復興，不僅僅表現在國家強盛，更表現在民眾廣泛受益，換句話說就是國也富民也強。縱觀中國古代的歷史，一直存在國富和民強相脫離的問題，儘管在部分時期國富和民強是同時並存、相互促進的，但是在許多時期，存在著國富和民強並不統一的問題，其中以國富而民不強較為常見。這是因為我們常說的國富，主要依託較高的國家財政收入，而這就需要國家加大稅收徵收。而在古代社會，由於經濟不發達，通過「做大蛋糕」、維持較低稅率的方式來增加稅收總額的空間並不大，因而政府往往傾向于增加稅率，這就會增加老百姓的負擔，造成國富而民不富的現象。另外，在階級矛盾的時期，這種負擔不是在百姓間平均承擔，富裕的地主階級可以轉嫁給貧民，造成部分民眾生活極端困難。新中國成立後的前30年，為了積累足夠的建設資金而採取了勒緊褲子搞建設的方式，導致整體民眾的生活水準不是很高，由於採取了農業反哺工業的方式，農民所受的影響更大；同時改革開放的30多年時間裡，雖然人民的生活水準和經濟

發展同時提高，但是整體來說，人們的收入水準不如國內生產總值增加得快，這在一定程度上就意味著民富的速度不如國富，但隨著民富的速度迅速增加，民富和國富之間的差距將會逐步縮小，在中華民族偉大復興的階段，二者將保持均衡，民眾受益將更大，受益的範圍也更廣。

民眾受益的廣泛性，表現為兩方面。一方面，是受益程度的提高。這主要體現在人均收入水準的提高、人們社會福利水準的提升、人均公共服務水準的提高以及其他方面的便力度提升等。另一方面，是受益範圍的增加。隨著中華民族偉大復興的實現，各種因素的積極進步，會產生相互促進效應，並促進新的複合型因素或者其他方面的進步，例如，會不斷促進人們壽命的提高、幸福感的提升以及彼此友好程度的提高等。總之，中華民族偉大復興，將不僅僅是國家強盛，民眾也將廣泛受益，實現國家和民眾共贏的局面，而二者也會產生協同效應，彼此促進。

第二節　中華民族偉大復興的參照

在世界歷史上，有過多個大國的崛起、興盛直到衰敗的案例，能夠給我們提供一些經驗和教訓。在這裡，我們選取古代歷史上最為顯赫的羅馬帝國作為古代的代表，在近代史上選取英國、德國、美國和日本作為案例，對這些國家的興衰進行分析，以便給中華民族的偉大復興提供一些參照。

一、羅馬帝國的興衰

在歐洲歷史上，曾經出現時間跨超過上千年，鼎盛時期疆域包括歐洲、非洲以及西亞地區的羅馬帝國，作為在全球古代史上影響最大的帝國之一，它的興盛、分裂以致衰敗，能夠給我們提供許多的經驗教訓。要瞭解複雜的羅馬史，需要記住幾個時間節點：西元前 753 年，這是傳說中古羅馬城建立的時間，而西元前 509 年，古羅馬共和國成立，此時古羅馬建立三權分立的初級形式：即行政長官、元老院和平民（保民官），藉以代替了王權[1]；西元前 1 世紀，屋大維在位期間，羅馬完成向帝國的轉變；西元 395 年，古羅馬帝國分裂為西羅馬帝國和東羅馬帝國，西元 476 年隨著日爾曼人的入侵，西羅馬帝國滅亡，而東羅馬帝國則持續到了 1453 年。古羅馬從建立共和制開始到拜占庭帝國滅亡，持續時間在 2000 年左右，而其在鼎盛時期所統治的面積近 350 萬平方公里，大約有 1 萬公里的邊境線，人口大約有 7000 萬人。[2]

古羅馬興盛的原因可以大致歸結為如下幾個方面：一是通過戰爭，逐步戰勝了周邊的威脅，控制了地中海。在共和國建立伊始的較長時間內，羅馬帝國表現出對擴張的克制，而這時周邊的威脅主要來自北部拉丁或者伊特魯里亞敵對城邦以及薩莫內人的威脅，在經歷了三次薩莫內戰爭之後，羅馬最終戰勝了薩莫內人，並在此後陸續戰勝

---

1 ［法］德尼茲·加亞爾、貝爾納代特·德尚等著：《歐洲史》，人民出版社 2010 年版，第 85-100 頁。
2 ［法］德尼茲·加亞爾、貝爾納代特·德尚等著：《歐洲史》，人民出版社 2010 年版，第 107 頁。

其他一些威脅。而這時，羅馬的最大敵人便是迦太基人，西元前 3 世紀到 2 世紀，在 120 多年的時間內，陸續爆發了三次布匿戰爭，最終古羅馬幾乎佔有了整個地中海領域。而在佔領了地中海領域之後，這一區域的經濟趨於統一，區域內貿易極其發達，並通過海運帶動了內河運輸、陸地運輸的發達，帶動了整個國家的經濟發展。二是對於被統治區域的人民採取了相對包容的態度。儘管在較早時期，羅馬帝國對於被佔領的區域，根據不同情況，採取了不同的政策，導致了內部沖突加劇，但是其後古羅馬對被征服的民族採取了相對包容的態度，例如，被征服民族中成為有拉丁公民權或者羅馬公民權的人在不斷增加，羅馬人和非羅馬人通婚不予限制等。這實質上是在羅馬文明基礎上，形成一種一體化的共同文明，這也有利於內部形成凝聚力。三是不同區域，經濟優勢不同，這在帝國內部形成了有利的互補，促進了整個區域內經濟水準的提高。例如，在西班牙捕魚業、製魚汁業比較發達，義大利的陶器製造業比較發達，等等。在古代整體技術水準和經濟發展程度不高的情況下，古羅馬實際上是將地中海原來發展起來的各種文明集合起來，這有利於整體經濟水準的提高。四是對不同民族的文化多樣性的包容。儘管實現了疆域的統一，古羅馬對於不同民族的文化的多樣性持高度包容態度。五是強有力的軍事力量。在古羅馬的發展史中，強力的軍事力量是其不斷征服其他區域，並對國內的各種反抗保持震懾的有力憑證。正是憑藉這一點，古羅馬才能不斷開疆拓土，並在漫長的歷史時期內經受住了各種對手的攻擊[1]。

---

1 ［法］德尼茲·加亞爾、貝爾納代特·德尚等著：《歐洲史》，人民出版社 2010 年版，第 96-117 頁。

古羅馬分裂及最終衰落的原因，則可以歸結為如下幾點：一是繼承人制度存在嚴重缺陷，並成為東西羅馬分裂的重要原因。在古羅馬帝國的專制體制下，缺乏完善的繼承制度，導致王位繼承人的選取經常性地成為一個權力鬥爭過程，並成為導致東羅馬帝國分裂的導火索。二是古羅馬的經濟基礎建立在奴隸制度基礎上，而奴隸的獲取高度依賴於戰爭和帝國疆域的擴張。隨著帝國疆域進入穩定年代，奴隸面臨嚴重的來源不足的問題，而在奴隸制度下，技術進步極為緩慢，經濟的發展高度依賴于大量的奴隸，在奴隸供應減少的情況下，經濟發展陷入停滯，政府賦稅問題隨之突出，成為古羅馬衰落的最重要原因之一。三是羅馬統治階層的腐化墮落。在古羅馬早期，統治階層比較積極向上，在物質生活上要求相對簡單，而在精神方面崇尚武力，到了中後期，統治階層日益追求享受，浮華奢靡的生活使得他們不再有積極的追求，同時他們奢華的生活加重了被統治階層的經濟負擔，使得其統治越來越脆弱。這一點，正如《羅馬史》中所指出的，「內部的腐敗正腐蝕著一個長期優越的民族的生命力，財富所帶來的貪婪，無節制的享樂喚起了放縱和奢靡的欲望，而這些正毀壞和損害著所有的一切」。[1]四是古羅馬並沒有真正實現經濟、文化甚至政治方面的統一，高度的自治確實在一定程度上安撫了不同民族特別是被征服的民族，但是這也為其分裂乃至衰敗埋下了伏筆。一方面，文化的不統一、宗教的多樣化，使得部分民族的民族意識會不時興起，成為不安定的因素。另一方面，不同地區經濟的差別化長期不能消失，使得不同地區

---

1 〔德〕特奧多爾·蒙森：《羅馬史》，商務印書館 2004 年版，第 4 頁。

之間的經濟發展差異長期存在，成為東西羅馬帝國分裂的重要原因。

二、英國的崛起

　　英國是世界歷史上第一個工業化強國，它以工業化為基礎，建立了遍及世界的殖民地，建立了「日不落帝國」。英國從崛起到衰落，所涉及的因素較為複雜，同時也給我們提供了豐富的經驗教訓。總體來看，經濟因素在其中起到核心因素的作用，正是「成也蕭何，敗也蕭何」。

　　英國的崛起，從制度上分析，要從《權利法案》的簽訂說起。1688 年，英國爆發了以不流血為標誌的「光榮革命」，資產階級和貴族階層實質上掌握了政權，並於次年簽訂了限制王權的《國民權利與自由和王位繼承宣言》，即大家所熟知的《權利法案》，在英國建立起了君主立憲制度。從此，資本主義在英國得到迅速發展，開始逐漸脫離了經濟長期停滯狀態，而進入了持續發展的時期。儘管這時候的經濟增長速度很慢，有資料表明，英國在「光榮革命」之後的 18 世紀的頭 80 年裡，年均增長率在 1% 左右[1]，但是持續的經濟增長卻逐漸改變了英國的經濟面貌，使其逐漸步入工業化的步伐。據統計，1788 年，農業在英國經濟中的比重超過 40%，工業和建築業不足 21%；到 1850 年，農業降為 21%，工業和建築業則提升到 35%，屬於服務業的交通運輸業從不足 12% 提高到 19%[2]。

---

1 王章輝：〈英國和法國工業革命比較〉，《史學理論研究》1994 年第 6 期。
2 同上。

目標

　　英國經濟的持續發展，與第一次工業革命息息相關。第一次工業革命時期的英國，湧現出一批技術創新，以蒸汽機的廣泛使用作為標志，機器化生產逐步代替了手工生產，開啟了近代工業化大生產的時代。從 1765 年珍妮紡紗機發明開始[1]，到 1825 年火車試車成功為止，在 60 年的時間裡先後在水力紡機、改良型蒸汽機、蒸汽輪船、蒸汽機車等一批涵蓋紡織、交通、冶金、機械製造、煤炭等一系列行業創新技術，帶動相關行業實現了歷史性變革。最終於 1840 年左右，工業革命在英國基本完成，使其成為世界上第一個工業國家和世界科技中心。第一次工業革命在產業發展方面呈現出如下幾個特點：一是創業與創新結合度較高。第一次工業革命技術創新的特點就是這些創新以產品創新為主，創新一旦成功，也就意味著一個新產品甚至新產業的出現，而創新者本身也會成為創業者。二是產業發展在時間上集中度較低，結構上發展不均衡。從珍妮紡紗機發明開始到真正實現工業革命，前後用了 70 餘年，時間集中度很低；真正受技術推動而影響較大的行業，如紡織業和鐵礦業發展極為迅速，鋼鐵產業在改進的熔化技術和焦炭使用的推動下，產量由 1740 年的 1.74 萬噸提高到 1796 年的 12.5 萬噸，但是在其他多數行業，「工業的發展是零打碎敲的，方法仍是傳統的」[2]。三是技術創新是市場經濟自然演化推進的結果，背後政府的力量較為薄弱。第一次工業革命的技術發明，和科學領域的探索發現關係並不大，這些技術發明實質上屬於「修修補補」的小發

---

1 一般認為，珍妮紡紗機的發明開啟了第一次工業革命的序幕。
2 菲力浦・費爾南德茲－阿邁斯托：《世界：一部歷史（下）》，北京大學出版社 2012 年版，第 784 頁。

明[1]，更多屬於發明者在本領域實用技術的鑽研。但是真正將這些零散
的發明聯繫起來進而成為工業革命的原因，是其背後的經濟因素，如
18 世紀人口的迅速增長，英國龐大的殖民地既擴大了市場規模（通過
貿易實現），相關貿易的利潤又促進相關基礎設施的投資，進而推動
工業化進一步發展[2]。

　　英國崛起的另外一個核心因素便是殖民地。英國之所以擁有面積
廣大的殖民地，與其長期以來實行的海上霸權有關。英國的殖民地是
通過海上軍事力量而獲得的，而非通過陸地疆域的進攻實現的。其
實，最初獲得海上霸權的是西班牙及葡萄牙，通過海上軍事力量獲得
了面積廣大的殖民地，包括現在的南美，這就不可避免地和英國爆發
了衝突，最終在 1588 年的關鍵性戰役中，英國海軍戰勝了西班牙的
「無敵艦隊」，而獲得了海上霸權，之後這一地位持續了幾百年時間。
在海上霸權的保護下，英國在全球獲得了廣泛殖民地，這為其經濟發
展創造了良好的基礎：它可以從殖民地獲取廉價的原材料，同時其工
業製成品又能輸入到殖民地，從而獲取規模廣大的市場。在這雙重因
素的刺激下，英國經濟持續增長，並長期保持世界第一的地位。但是
對英國而言，擁有其他國家不可比擬的獨特優勢的廣大殖民地，其實
是一把雙刃劍，它既能讓英國經濟因此而受益，但是也助長了慵懶的
作風：隨之而來的是英國產生了一個食利階層，整個經濟體系缺乏繼

---

1 詳細資料見弗蘭克 · 薩克雷：《世界大歷史：1689-1799》，新世界出版社 2014 年版，
　本文轉引自〈什麼是第一次工業革命的真正誘因？〉，新浪網，2014 年 12 月 9 日。
2 菲力浦 · 費爾南德茲—阿邁斯托：《世界：一部歷史（下）》，北京大學出版社
　2012 年版，第 781-786 頁。

續前進的動力，沒有持續進行技術創新革命。另外，英國長期將殖民地視作原材料產地，使其經濟發展受到嚴重影響，因而激發了殖民地人民的激烈反對，這些殖民地的反抗行動此起彼伏，其中以美國的獨立對其影響最為突出。這兩個因素決定了英國在全球的地位不可能長期處於穩定，而隨著德國和美國先後在產業革命中佔據主導地位，英國逐漸喪失了自己獨一無二的龍頭地位，最終在 20 世紀徹底喪失了其超級大國地位。

三、美國的崛起

美國在 1776 年建國獨立之初，與英國等發達的歐洲國家相比，是一個落後的農業國。但是經過多年的積累，美國在經濟方面逐漸反超歐洲各國，在 19 世紀末期成為世界第一經濟大國，並在二戰之前鞏固了這一地位。但是，由於美國遠離歐洲大陸，在政治傳統上又對歐洲各國保持不干預政策，因此在此期間雖然美國的影響力持續上升，但是其影響力依然不強。直到二戰開始，隨著美國全面介入二戰，並在二戰之後主導了全球資本主義世界，才真正意義上成為超一流的大國。在這裡，我們分析美國的崛起分為兩個部分，一是 19 世紀後半葉在經濟方面的崛起，二是在二戰之後全方位的崛起。

（一）19 世紀後半葉之後的美國

19 世紀後半葉之後，隨著美國南北戰爭的結束，其經濟迅速發展，並逐漸替代英國，成為世界第一工業大國。由於這一時期美國的

崛起，突出地體現在經濟發展與科技創新方面，因此在這裡，我們研究一下美國的經濟和科技崛起的進程和經驗。

從 1879 年開始的電力技術革命[1]，在長距離直流電和交流電傳輸技術線路普及的推動下，包括電力、電子、化學、汽車、航空等一批產業催生出來。作為這場革命的中心國家，美國形成鋼鐵、化工、電力三大支柱產業，化纖、塑膠、橡膠、石油化工和汽車製造業也逐步發展起來，美國逐漸成為世界製造業中心和科技中心。此後歷經 100餘年，美國始終是世界技術創新的核心國家，主要的技術革命和產業更新均與其高度相關。[2] 美國之所以能夠逐步從一個相對落後的國家崛起，並長期成為全球的經濟中心和科技中心，保持著全球的最高影響力，是由一系列原因造就的。

第一，英國成為世界技術中心之後，並沒有持續強化其科技競爭力，相對較易超越。英國所處的地理位置及龐大的殖民地體系，決定了海外貿易對其經濟體系具有重要作用。不斷擴大的殖民地可以使其通過貿易獲取巨大利潤，同時，殖民地的擴張也使其國內投資商不斷獲得投資獲利機會。這些優勢是其他國家所不具備的，因而對通過強化技術創新來提高競爭力的動力不足，特別是在新技術和新興產業的發展過程中，喪失了對這些產業的主導權，直接導致在之後的產業和技術革命中，被其他國家反超。美國和德國在科技方面的反超，主要就是通過新興產業方面，而非通過在英國競爭力上處於絕對優勢的傳

---

1 1879 年，愛迪生成功發明電燈，因此將這一年作為電力技術革命的起點。

2 劉福垣：〈中國在世界製造業中的地位〉，載于呂政主編：《中國能成為世界工廠嗎？》，經濟管理出版社 2003 年版，第 46-48 頁。

統產業上實現超越的。[1] 這些新興產業很快轉化為推動經濟快速發展的主導產業，從而迅速提升了美德等國的經濟發展。

第二，美國採取了全面保護主義工業化道路。美國在 19 世紀採取了全面保護主義工業化道路，不僅採取了很高的保護性關稅限制進口，也排斥國外直接投資，這一道路的實質就是把發展的潛力投向國內市場，並讓國內企業盡享國內市場的收益。同時，美國還實行了極端的智慧財產權保護政策，即拒絕對來自國外的技術予以保護，這實質就是鼓勵國內企業進行模仿，拉低國內外技術差距對國內企業造成的不利影響。這樣的極端保護主義措施並沒有帶來反對者所預期的負面效果，反而在充分利用國內巨大市場的基礎上，實現了經濟快速發展，即使是對外來技術缺乏保護的極端措施，也並沒有阻止國外技術的應用，因為美國的大市場讓技術的使用發揮出了規模優勢 [2]。美國的經驗給我們一個啟示，即國內大市場的優勢如果利用得當，完全可以成為推動本國工業化和技術趕超的一個依靠因素。當然，在那個年代，技術先進國家和落後國家之間的技術差距還相對較小，趕超起來相對容易，在現代各國充分重視技術優勢的維持和相關制度健全的前提下，要採取這樣的措施，已經不太現實了。

第三，建立與產業保持密切相關的高校與科研機構體系。在 19世紀的早期和中期，美國雖然已經建立了數百所小型學院，但是教學

---

1 賈根良：〈美國經濟崛起時期自主創新的成功經驗與啟示〉，《教學與研究》2011年第 8 期。

2 以上內容參照了賈根良：〈美國經濟崛起時期自主創新的成功經驗與啟示〉，《教學與研究》2011 年第 8 期；賈根良：〈美國學派：推進美國經濟崛起的國民經濟學說〉，《中國社會科學》2011 年第 4 期。

水平普遍較低，學生數量少，沒有對實體經濟發展產生太大影響。後來受德國教育發展模式影響，首先于 1876 年建立了第一所研究型大學——約翰‧霍普金斯大學，將教學和研究結合起來的做法取得了巨大成功，帶動了哈佛、哥倫比亞、耶魯、普林斯頓等一批老牌院校的轉型，逐步轉變為現代大學。美國高等教育機構之間存在激烈競爭，而這些競爭推動美國大學團體的共同進步，逐漸使美國超越歐洲成為世界的教育中心和基礎研發中心，牢牢佔據知識生產這一環節的優勢地位。[1] 在這一基礎上，美國逐漸建立了產學研高度密切的技術創新體系，最終在技術創新的各個環節，美國都具有突出的優勢。

（二）二戰之後美國的全方位崛起

20 世紀前期，儘管美國已經成為全球經濟第一，但是其影響力依然無法和傳統的歐洲大國相比。例如，在一戰後成立的國際聯盟，美國在與英國和法國爭奪領導權的過程中，以失敗而告終，即表明這時候美國在政治方面的影響力還無法和傳統的歐洲強國抗衡。但是隨著二戰後，歐洲強國紛紛陷入戰爭的困境，美國對待戰爭的態度對戰爭走向至關重要，這時候美國的影響力開始持續上升，二戰時期可以看作美國全方位崛起的一個標誌，其中最突出的一點便是英國和美國關係的轉變，即由原來英國占主導向美國占主導轉變。在二戰中後期直

---

1 谷賢林：〈美國研究型大學的興起：內在動力與外在因素〉，《北京科技大學學報（社會科學版）》2006 年第 4 期；賈永堂：〈19 世紀末 20 世紀初美國高水準研究型大學群體性崛起機制分析——基於社會進化論的視角〉，《高等教育研究》2012 年第 5 期。

到二戰之後，美國逐漸成為西方資本主義世界的領導者，並在二戰之後很長時期內和以蘇聯為主要代表的社會主義國家陣營進行對抗；蘇東劇變後，美國才成為全球範圍的唯一超級大國，在很大程度上主導全球事務。美國的全方位崛起，主要通過如下幾種方式實現。

一是以援助的方式說明主要盟國發展經濟，進而加強對其控制。這一點最突出體現在二戰之後的馬歇爾計畫。在二戰之後各國面臨重建缺乏資金的情況下，美國輸入了大量的資金，既取得了經濟方面的回報，又在其他方面獲得了收益：通過幫助這些國家實現經濟恢復和發展，從而有利於對這些國家的控制，使這些國家在國際政治、軍事等方面與自己保持一致；同時，可以防止社會主義制度向這些國家的擴張，維護資本主義陣營的穩定，進而有利於與社會主義陣營的對抗。後來，美國及其操縱的一些國際經濟組織，也對部分陷入困境的國家進行了「援助」，但是這些「援助」都附加了苛刻的政治條件，這些條件實質上是要求被援助國向美國的資本主義制度靠攏。

二是掌握主要國際組織的話語權，使其成為體現自身利益的組織。二戰之後，美國主導建立了一系列國際性政治、經濟組織，並充分掌握了這些組織的主導權，使其成為為其服務的組織。例如，聯合國在成立之初，美國對其影響力便很大，在朝鮮戰爭期間，美國悍然介入朝鮮內戰，便打著聯合國的旗號。全球最重要的經濟性組織如世界貿易組織、國際貨幣基金組織及世界銀行，美國在其中也起到主導作用。例如，在世界銀行的股份中，美國佔有 15.85%，超過第二名日本的 2 倍，如果考慮到美國還能影響包括日本、英國等其他資本主義國家，實際上美國在其中依然相當有主導作用，即便在 2016 年股份變動之後，其主導權儘管有衰落趨勢，但是尚未動其根本。而通過國際

組織，美國獲得了許多通過自己無法獲得的利益，進一步增強對其他國家的影響力和控制力。

三是保持了強大的軍事力量，並不時對其他國家進行軍事干預。二戰之後，美國保留了全球首屈一指的軍事力量，而隨著蘇聯的分裂，美國對其他國家的軍事優勢愈加顯著。憑藉強大的軍事優勢，美國不斷介入其他國家的內政，必要時直接軍事介入，引發了許多國家的災難。例如，美國對伊拉克的軍事介入，並沒有實現其許諾的推翻集權後的「民主」的種種好處，反而使這個國家陷入多年的戰爭泥潭，直到現在還沒從戰爭中走出來，民眾的生活受到嚴重影響。整體來看，美國的軍事力量具有全球的影響力，這對增強其影響力是非常重要的因素。

四是軟實力突出，對其他國家產生持續影響。美國通過電影、報紙、互聯網以及各種學術等，向其他國家輸出價值觀，並對許多國家的民眾產生了不可估量的影響。實際上，東歐的劇變，在很大程度上可以歸結為這種「和平演變」式的價值觀輸出，使許多主流價值觀與美國不同的國家的民眾受到影響，甚至會引發暴亂以及「顏色革命」。這種軟實力的影響，有時候可以起到比直接軍事干預更好的結果，而其成本則要低得多。毫無疑問，突出的軟實力，是美國影響力增強的重要因素。

隨著美國的霸權日益引發發展中國家的反對，加之資本主義固有的矛盾，美國的整體實力在近幾年呈現衰落趨勢，多極化正在全球化取代一國獨霸的局面。

四、德國的興起

德國在 19 世紀中期之前，一直處於四分五裂狀態，當英國等國家在歐洲掀起工業革命，完成工業化並已經達到很高發展水準的時候，德國經濟依然停留在以農業為主的落後階段。在經過普丹戰爭、普奧戰爭、普法戰爭基礎上，德國終於在 1871 年完成統一，結束了原來的分裂局面，轄區內的人口從原來的 1930 萬增加到 3460 萬[1]，真正具備了大國的雛形。但是，整體來看，當時的德國整體經濟發展依然落後。在這樣的基礎上，德國採取了一系列措施，實現了國家的崛起，具體內容如下：

一是在經濟發展方面抓住第二次工業革命的發展機遇，在國內相關技術發明的推動下，在短短 40 年左右的時間內，實現了經濟的趕超，並成為歐洲第一經濟大國和歐洲科技中心。據統計，在 1851 到 1900 年的 50 年裡，德國在重大科技革命和革新方面取得 202 項成果，位居世界第二，超過了英國和法國之和。[2] 在電力應用領域，有軌電車、電梯、電動汽車等重要產品率先由西門子公司投入市場；三相電流變壓器、煉鋼及其他冶金部門使用的電爐等方面，德國在世界處於領先地位；內燃機的發明與改進出現在德國，以內燃機為動力的汽車和飛機等均出現在德國；在人造肥料的生產、化學染料生產技術等一

---

1 李大為、包燕玲：〈淺析 1871 年德意志統一初期的外交戰略轉型〉，《赤子》2015 年第 6 期。
2 劉金源、孫曉翔：〈實力與大國崛起：德國與中國的比較及啟示〉，《探索與爭鳴》2009 年第 8 期。

大批化學工業生產技術均為德國領先。在這一系列技術推動下，德國建立了領先的電氣工業、機械工業、化學工業、煉鋼業、交通運輸製造業。[1]

德國能夠取得成功，有些因素與美國類似，如工業化初期也實行了貿易保護主義措施，保護國內工業。這裡要特別強調一點，即德國的大學體制。德國是世界上第一個建立研究型大學體制的國家。1808年，在國王威廉三世的推動下，1808年建立具有集權主義性質的教育部，著力于推動高等教育建設，並于1810年建立了柏林大學，這是世界上第一所現代型大學。德國的大學強調科學精神、研究自由、教育與科研相統一，這樣在全國的經濟和政治環境保持濃厚封建主義的情況下，德國的大學保持了難得的自由，培養了大批人才，創造了大量的新知識，為技術創新發展打下了良好的基礎。[2]

二是利用周邊關係縱橫捭闔，為自身發展創造良好的外界環境。作為一個大陸國家，德國在地理位置上處於英、法、奧、俄等強國的環抱之中，在建國時期各國矛盾重重、衝突不斷的情況下，德意志的統一已經引發傳統盟友英國和法國的顧忌，加上傳統的敵對國家奧地利等的敵意，對德國的發展極其不利。當時的首相俾斯麥面對這種局面，採取了「以我為主，縱橫捭闔」的外交策略，以孤立法國和防止法俄羅結盟為重點，進行相關的外交活動，有力阻止了潛在的反德

---

1 李富森：〈論德國第二次工業革命的成就與特點〉，《臨沂大學學報》2012年6月第34卷第3期。

2 董秋月：〈19世紀德國大學創新及其對科學發展的影響〉，《現代商貿工業》2007年第7期。

同盟成立，為自身發展創造了良好的外部環境，保證了經濟的持續發展。[1]

三是大搞軍事投資，加強對外擴張。作為一個後發的國家，德國在殖民地方面遠遠落後於英國和法國。據統計，在第一次大戰前夕，德國的殖民地面積為 290 萬平方公里，僅為英國的 8.7% 和法國的 27.4%；殖民地人口 1230 萬，僅為英國的 3.1% 和法國的 22.2%，而且其殖民地多位於非洲和太平洋上，開發程度較低，不利於資源掠奪和產品輸出。在這種情況下，德國軍國主義和霸權主義思想急劇上升，軍事投資迅速增加，到 1913 年其軍費支出已經達到 18.22 億馬克，占國家財政支出的 25.4%，如果算上國內治安費用，則累計占財政支出比重超過 1/3。同時，與軍事相關的軍事工業、冶金、燃料、機械、電力和化學等工業也得到優先發展。[2] 軍事實力的大幅興起，成為支撐德國崛起的重要因素，這也埋下了德國對他國侵略而自身也深受其害的伏筆。

五、二戰之後日本的興起

作為二戰中的一個法西斯國家，日本在給其他國家帶來災難的同時，自己最終也受到了懲罰，戰爭結束後整個國家陷入極度困難的局

---

1 李大為、包燕玲：〈淺析 1871 年德意志統一初期的外交戰略轉型〉，《赤子》2015 年第 6 期。
2 楊鵬飛：〈德國政府與近代德國的崛起〉，《青海師範大學學報（社會科學版）》1992 年第 2 期。

面。然而，隨著其經濟逐步恢復及高速增長，日本在全球的競爭力不斷提升，在較短時間內經濟就恢復到了戰前水準並進一步達到了歷史上不曾達到的局面。在這裡我們必須強調，整體來看，日本在二戰後的崛起，基本體現在經濟和科技方面，在其他方面由於受到美國的控制，其影響力相對較弱。因此，我們在談到日本二戰之後重新崛起的時候，一般特指其經濟的崛起。

二戰之後的日本經濟陷入癱瘓。據統計，1946 年，日本工礦業指數僅為 1934 ～ 1936 年水準的 30.7%，農業降至 60%，但是經過 10 年左右的發展，日本已經達到戰前水準，且在 1950—1973 年年均 8% 的經濟增長率帶動下實現了自身崛起，並于 1968 年成為僅次於美國的資本主義大國[1]。技術創新方面，日本在汽車、電子資訊、鋼鐵、半導體、機械設備等一系列產業中，以引進技術為基礎，實現二次創新，並逐步樹立了自己在商業技術領域的強國地位，在許多領域日本產品的競爭力反超歐美等企業，其製造業占世界的份額也一度達到 20%。[2]但是隨著 20 世紀 90 年代資訊技術革命的到來，日本在技術發展戰略方向方面屢屢出現失誤，其技術創新的地位有所衰弱，但是整體來看，日本依然是世界上製造業競爭力最強的國家之一，其技術創新的整體能力也依然保持很高的水準。日本戰後在技術創新方面的經驗和教訓都很深刻，具體包括如下幾方面。

---

1 胡志丁、劉玉立等：〈建構的世界經濟地理格局——以戰後日本崛起為例〉，《經濟地理》2012 年第 10 期。

2 馮昭奎：〈從中日比較看中國離「世界工廠的差距」〉，載于呂政主編：《中國能成為世界工廠嗎？》，經濟管理出版社 2003 年版，第 113 頁。

目標

一是引進技術消化吸收再創新的技術發展路線。與英美德等國家不同，由於戰後日本的技術積累極為薄弱，依靠自身力量和資源緩慢提升技術水準在短期內難以取得滿意效果，因此日本的技術創新路線採用了效率更高的引進消化吸收再創新的方式。日本企業將引進的技術進行精細研究，並不斷在此基礎上實現創新。日本企業在消化吸收方面所花費的資金要數倍於引進技術的資金。在這種漸進式技術創新方法的推動下，日本在較短時間內就在商業技術領域實現了對歐美等技術發達國家的反超。

二是國家引導型產業技術體系。與強調政府不干預或者少干預微觀經濟運營的一些西方國家不同，日本政府在產業及技術體系中，起了積極引導和扶持作用，這成為推動日本經濟崛起和技術創新水準迅速提高的因素之一。首先，制定產業政策，不同時期扶持不同重點產業。如在 20 世紀 50 年代扶持鋼鐵產業，60 和 70 年代扶持汽車和石油化工產業等。其次，在創新投入和技術引進方面進行干預。除了政府在技術研發方面進行一定數量的投入以促進創新之外，日本還統一管理各技術的引進，以防止不同企業重複引進同一項技術，提高資金利用效率。[1] 最後，推行「產學官」合作模式，即在政府的協調下，推動企業和高校及研發機構的合作，並在政府主導下，聯合創新某些新技術，如在 20 世紀 70 年代，在政府主導之下的「超大型積體電路技術研究組合」即一個例子。[2]

---

1 陳欣榮、蔡希賢等：＜技術創新的「日本模式」＞，《軟科學》1995 年第 1 期。
2 白景美：＜試析戰後日本技術創新政策演變的特點及啟示＞，《科學管理研究》
　2007 年第 2 期。

三是基礎研究薄弱，導致創新體系完整性存在缺陷。基礎研究水平在較短時間難以提高，且存在較大風險，屬於見效慢、風險大的活動，在早期發展過程中，日本對基礎研究較為忽視，而日本的基礎研究也始終沒有達到主要發達國家的水準。調查資料表明，1945~1970年的 110 項重大創新中，日本僅為 4 項，但是美國高達 74 項，二者差距較大。[1] 這一問題，導致日本在技術戰略發展方面只能處於追隨者的被動角色，而很難像美國在資訊技術革命期間所充當的領導者角色。這就導致日本所積累的技術和生產優勢，很容易被發達國家反超。特別是在資訊技術產業革命中，由於日本在技術方面除了某些硬體產品和工業軟體領域，全線處於劣勢，加之美國利用資訊技術改造傳統產業，逐漸趕上了日本在製造方面優勢，這使得日本製造業相對地位迅速下滑。例如，1980 年日本的汽車產量超越美國成為世界第一，但是1993 年在汽車總收入指標上被美國反超，並在 1995 年實現生產量上的反超；1985 年日本成為半導體第一大國，而在 1993 年被美國反超。[2]

第三節　中華民族的偉大復興與社會主義

中華民族的復興一定是社會主義的復興，一方面，只有走中國特色社會主義道路，中華民族才能實現復興；另一方面，中華民族的復

---

1 陳欣榮、蔡希賢等：〈技術創新的「日本模式」〉，《軟科學》1995 年第 1 期。

2 馬月才：〈中、美、日製造業發展比較研究〉，載于呂政主編：《中國能成為世界工廠嗎？》，經濟管理出版社 2003 年版，第 119-120 頁。

興，將會帶動中國的社會主義發展，並對世界的社會主義發展形勢產生影響。

一、蘇東劇變後的全球社會主義發展局勢

蘇東劇變是指發生在 20 世紀 80 年代末 90 年代初，以蘇聯為首的諸多社會主義國家，最終放棄社會主義制度，而演變為資本主義國家的事件。蘇東劇變使社會主義陣營在一夜之間就大幅衰敗，社會主義運動也陷入低潮，而到現在為止，全球範圍的社會主義國家只有 5 個，即中國、越南、朝鮮、古巴、老撾。其中，朝鮮和古巴基本上還保持了原來的計劃經濟模式，而中國則實行了改革開放，越南緊隨其後，也模仿中國的改革開放實行了相應的改革。

整體而言，隨著中國改革開放所取得的成就為世界所矚目，全球範圍內的社會主義運動正在逐步走出低潮，迎來新的生機。在蘇東劇變之後，中國不僅經受住了國際環境的劇烈變化，堅持社會主義發展道路，還積極推進社會主義市場經濟體制改革，使得中國的發展蒸蒸日上，綜合國力持續提升，在全球的地位不斷提升。到目前為止，中國在全球經濟中的地位，已經達到甚至超過蘇聯在全球經濟中最佳歷史地位；同時，改革開放使中國依然保持了蓬勃的發展狀態，經濟增長速度依然保持世界前列，這就決定了中國作為當今社會主義的主要國家，其經濟將很快發展到社會主義陣營中主要國家不曾發展到的程度。其他方面，當今的中國緊密參與了經濟全球化，與全球的主要資本主義國家不搞軍事對抗，而是在經濟上參與合作，與其他國家採取平等交往的態度，不去發動戰爭或者試圖操縱其他國家，這成就了中

國不同于前蘇聯的，和平與發展的社會主義大國形象。

當前全球資本主義和社會主義格局發生了重大變化，主要體現在2007年發端於美國的國際金融危機傳導至全球範圍，並對全球的資本主義世界產生重大影響，歐美的經濟活力與經濟地位有所削弱，而以金磚國家為代表的新興國家對全球經濟的影響正不斷提高，傳統的世界經濟格局正在發生深刻變化。在社會主義陣營中，中國在經歷了40多年的改革開放之後，經濟實力大幅提升，社會、文化等各領域蓬勃發展。這就形成了「西方之亂」和「中國之治」的鮮明對比，證明了中國社會主義發展道路的優勢。這就有望逐步改變蘇東劇變後社會主義運動低落的局面，重振社會主義陣營。縱觀二戰後全球的發展中國家，除了少數國家如韓國徹底擺脫了中等收入陷阱，而向著發達國家發展之外，多數發展中國家要麼陷入中等收入陷阱，整個發展陷入停滯狀態，部分國家還不時受到各種危機的影響，導致經濟劇烈下滑；要麼整個經濟還停留在經濟發展的起飛前階段，沒有真正進入快速發展的軌道。而這些國家多數都採用或者部分採用了西方資本主義國家的發展模式，目前的現狀已經證明，這些國家繼續採用資本主義發展模式，無法將國家帶到光明大道上。而中國的發展道路，將為這些國家提供一個完全不同於西方發展模式，卻具有光輝發展前途的「中國方案」。

二、中華民族的偉大復興是社會主義道路的勝利

中華民族的偉大復興，是社會主義道路的勝利，這裡面包含兩層含義：一是社會主義道路支撐著中華民族偉大復興，二是中華民族偉

大復興之後，社會主義因素將更突出。

（一）中華民族的偉大復興依託社會主義發展道路

中華民族偉大復興依託的是社會主義發展道路，而不是其他的道路，這一點必須要高度強調。在這裡，我們必須要駁斥新自由主義的一些錯誤看法。新自由主義所宣揚的發展道路，是極端排斥政府作用的模式，它們高度鼓吹市場的演進發展，即完全依靠市場自身力量來實現經濟發展，在新自由主義者看來，政府對經濟發展所起的作用將會產生「治病產生的副作用比疾病本身更嚴重」的效果。因此，在受新自由主義影響的人看來，中華民族的偉大復興必須要完全通過市場機制來實現，我們未來改革的方向是向著新自由主義發展，而社會主義因素是必須改革的因素。對此，我們需要先對這一理論進行分析。

新自由主義的市場演化理論其實存在三個致命錯誤：一是忽略了資本主義的秩序部分來源於壟斷寡頭和政治家的人為控制。馬克思和恩格斯認為，資本主義的相關經濟和政治制度承繼於封建社會，是為資產階級的統治服務的，「取而代之的是自由競爭以及與自由競爭相適應的社會制度和政治制度、資產階級的經濟統治和政治統治」[1]，在這樣的框架之下，資產階級及其代理人必然會將有利於自身統治的相關制度納入到資本主義制度體系之中，而且由於「資產階級除非對生

---

1 摘自馬克思、恩格斯：〈共產黨宣言〉，《馬克思恩格斯選集》，人民出版社 1995 年版，第 277 頁。

產工具，從而對生產關係、對全部社會關係不斷地進行革命，否則就
不能生存下去」[1]，資產階級及其代理人對資本主義秩序的人為調整處
於持續進行狀態。二是無法解釋廣泛存在的「市場失靈問題」，特別
是資本主義市場機制自我演化進程中產生的負面作用所引發的效率損
失。被哈耶克認定唯一高效的市場機制，在發展過程中會帶來一系列
問題，例如貧富差距加大、大企業壟斷問題日益突出等，這將影響經
濟體系的持續健康發展。例如，被公認為最符合哈耶克所認定的理想
市場體制的美國，在雷根政府開始推行新自由主義經濟政策以來，貧
富差距不斷擴大，據統計 2005 年美國最富有的 1‰ 的人口即 30 萬人的
收入，相當於美國最窮 50% 的人口即 1.5 億人的收入，最富 10% 的
家庭財富占全社會財富的 70%[2]。而無論是馬克思主義還是西方主流的
經濟學都認為，過高的貧富差距，將影響經濟的長期可持續增長，甚
至會引發社會動盪。這也是市場經濟體制低效的一個表現，而在哈耶
克自發－擴展秩序的框架裡，這個問題無法在自發演化進程中得到解
決，必須通過政府干預來去除。三是忽略了政府調控行為的自我調整
能力和與市場機制結合的潛力。新自由主義者簡單將理性主義者建構
的秩序歸為無效或者低效率，卻忽略了政府調控行為的自我調整能力。
即便政府無法瞭解調控行為的全部結果，也可以依據效果回饋不斷對
相關政策進行調整，進而保證調控行為不斷逼近理想狀態，政府調控
完全可能比僅僅依靠市場制度自身，對經濟發展更有利，或者說，更

---

1 同上，275 頁。
2 程恩富、楊斌：＜當前西方資本主義危機引發的困境及其出路＞，《當代世界》
   2012 年第 5 期。

為有效。

事實上，社會主義道路可以保證中華民族偉大復興。中國自 20 世紀 70 年代末開始，開啟了改革開放的歷程，整個工作重心轉移到經濟建設中來。中國在發展進程中，將政府調控作用與市場機制結合起來，發展出了「四主型經濟制度」，即以公有制為主體的多種類產權制度、按勞分配為主體的多要素分配制度、國家主導型的多結構市場制度、自立主導型的多方位開放制度，以及具有鮮明中國特色社會主義特徵的政治、文化、社會制度 [1]。實踐中，中國到目前為止經歷了 40 多年的高速發展，發展速度明顯高於同期的資本主義國家。作為社會主義國家，中國發展模式比資本主義國家更強調政府調控的作用，例如，政府投資在中國經濟發展進程中起到了重要作用，在經濟發展陷入低谷時，中國政府時常會發揮自身體制優勢，向經濟體系注入比一般資本主義國家數量更大的投資資金，在提升基礎設施建設的同時，推動經濟持續穩定發展。這些優勢將在未來繼續保證我們的社會主義建設繼續推進，最終實現中華民族偉大復興。

（二）中華民族偉大復興實現後社會主義因素將更加顯著

在中華民族的偉大復興實現以後，中國的社會主義因素將更加顯著。

首先，公有制經濟的規模將不斷擴大，對經濟發展的控制力持續

---

1 程恩富、胡樂明等：〈關於中國模式研究的若干難點問題探析〉，《河北經貿大學學報》2011 年第 1 期。

增強。儘管在改革開放初期，中國公有制經濟出現比重下降、經營困難等困境，但是隨著國有企業改革的不斷進行，以國有制為主體的公有制經濟已經呈現出企業保值增值能力不斷增強、企業競爭力持續提升、對經濟的影響力和控制不斷加強的趨勢。而在中華民族實現偉大復興的時刻，公有制經濟的規模將達到空前的水準，其對經濟發展的影響力、控制力也將不斷增強。同時，隨著以混合所有制為主體的相關改革繼續推進，影響國有企業發展的經營效率問題也將有望得到解決，那時候國有企業不但能成為穩定中國經濟發展的定海神針，還是帶領相關行業持續提升在全球競爭力的火車頭，最終成為保證國家長遠利益和體現社會主義優越性的強力依託。

其次，黨和政府對國家治理的能力將持續提升，國家治理體系達到現代化。在中華民族實現偉大復興後，黨和政府對國家的治理能力將達到一個相當高的水準，國家治理體系將全面實現現代化。在這種情況下，黨對各項事業的領導能力將達到比現在更高的水準，我們的事業也將隨之達到新的高度，而道路自信、理論自信、制度自信、文化自信的水準不斷提升。同時，在國家治理能力提升的帶動下，社會主義市場經濟體制將更加完善，在當前一些暫時沒有根治的問題，如部分領域監管不力等問題，將得到有效治理，人民群眾將由此受益更大。

再次，人民群眾的幸福更加有保障，社會主義的優越性在人民生活中處處體現。讓人民生活得更加幸福，是社會主義建設的重要目標，只有老百姓能夠生活得比在資本主義體制下更加幸福，社會主義的優越性才能真正體現。而隨著中華民族偉大復興的實現，人民在就業、收入、教育、醫療、社會保障等各方面都將受益，人民群眾更加

安居樂業，幸福感持續提升。在這種情況下，社會主義因素將體現得
更加顯著，社會主義將更加深入人心。

三、中華民族的偉大復興將有望改變世界社會主義發展　　格局

在當前階段，中國發展道路在與資本主義發展對比中，已經表
現出相應的優勢，進而引起世界的廣泛關注，「中國方案」開始引
發一些人的思考。而在中華民族實現偉大復興後，中國的社會主義
建設成就將更加醒目，社會主義道路的優勢將越發凸顯，這可能真
正引發發展中國家的效仿，從而有可能使世界社會主義格局發生真
正的轉變。

中華民族的偉大復興進程，實際上也是解決一系列發展中國家
由不發達向發達飛躍過程中各種難題的過程。例如，我們常說的中等
收入陷阱，儘管也有部分專家學者對這個現象是否真的存在提出各種
異議，但是整體來看，從全世界的發展中國家的發展經驗看，確實存
在一個現象，即大多數國家在發展到一定程度以後，由於整個經濟體
系、制度體系、治理能力等方面存在的短板問題，而產生發展陷入停
滯的問題。之前的廣泛說法是，人均國內生產總值 3000 美元是一個門
檻，而從典型的陷入中等收入陷阱的國家即南美的阿根廷人均國內生
產總值情況看，這一數據現在大約在 10000 美元左右。從全球二戰的
情況看，真正跨越中等收入陷阱的發展中國家屈指可數，其中以韓國
最為典型，而絕大多數國家都沒有跨越這一陷阱。作為一個發展起
點低、人口眾多的大國，中國的發展經驗將為全球發展中國家跨越

中等收入陷阱提供一個新的樣板，而中國之所以能夠跨越這個陷阱最大的制度保障，就是社會主義制度。這無疑會引發許多國家的效仿。在中華民族實現偉大復興之後，全球社會主義運動有可能在陷入低潮幾十年後，真正迎來另外一個發展高潮，起引導潮流作用的必將是中國。

第三章

中華民族偉大復興的基礎與階段分析

　　當前階段，中國社會主義建設已經取得突出的成就，為中華民族的偉大復興奠定了良好的基礎，實現了比歷史上任何時候都更接近中華民族復興的成績。而隨著 2020 年中國將實現全面建成小康社會的目標，在之後的 30 年內，中國將完成「兩步走」戰略，最終達到建設社會主義現代化強國的目標，這實質也就是實現了中華民族偉大復興。

第一節　中華民族偉大復興的基礎——中國當前的狀況分析

　　經過新中國成立之後 70 年和改革開放 40 多年的發展，中國在經濟、社會、文化、生態建設等方面都取得了突出的成就，為中華民族

偉大復興目標的最終實現奠定了良好基礎。

一、經濟迅猛發展，整體經濟實力迅速提升

改革開放以來，中國經濟發展十分迅速，創造了令全球矚目的發展成績，取得了豐碩的成果。具體來說，表現在如下方面。

（一）經濟發展迅速，經濟規模躍居世界前列

1978 年以來，中國經歷了 40 多年的長期高速增長，經濟規模迅速擴張，已經步入世界大國的行列。國內生產總值從 1978 年的 3645 億元提升到 2016 年的 744127 億元，38 年增長 203.2 倍，年均名義增長率 15.0%；扣除物價因素，增長了 31.30 倍，年均增長率為 9.6%，這一增長速度在全球位居前列，如此長時間的持續高速增長實屬罕見。從我國經濟規模在世界排名和比重看，30 年來中國經濟排名逐步攀升，到 2010 年超越日本成為世界第二經濟大國，之後繼續快速發展，目前穩居世界第二。如表 3-1 所示，2013 年中國 GDP 達到 108664 億美元，占世界比重達到 14.8%；同期美國的 GDP 為 179470 億美元，排名世界第一；日本為 41233 億美元，短短幾年內，已經由 GDP 超過中國到不足中國一半，這既與中國匯率在此期間大幅升值有關，也與中國經濟增長率明顯高於日本有關。另外，傳統經濟強國德國占中國比重 30% 左右，法國、英國則不足 30%；新興經濟大國中，巴西占中國比重不足 1/7，印度僅為中國 1/5 左右，而在世界經濟史上創造了一

系列經濟奇跡的韓國也僅為中國的 1/8 左右。[1]

表 3-1　2013 年世界主要經濟體國內生產總值情況

	國內生產總值 （億美元）	各國 GDP 占世界比重	各國 GDP 與中國 GDP 對比
世　界	734336	100%	——
中　國	108664	14.8%	100.0%
印　度	20735	2.8%	19.1%
日　本	41233	5.6%	37.9%
韓　國	13779	1.9%	12.7%
加拿大	15505	2.1%	14.3%
墨西哥	11443	1.6%	10.5%
美　國	179470	24.4%	165.2%
巴　西	17747	2.4%	16.3%
法　國	24217	3.3%	22.3%
德　國	33558	4.6%	30.9%
意大利	18148	2.5%	16.7%
俄羅斯	13260	1.8%	12.2%
西班牙	11991	1.6%	11.0%
英　國	28488	3.9%	26.2%
澳大利亞	13395	1.8%	12.3%

資料來源：《中國統計年鑑》（2016）。

　　從未來發展趨勢來看，雖然中國經濟增長速度比起之前可能會有所下降，但是其絕對速度將仍然高於世界和發達國家經濟平均速度，占世界經濟的比重將繼續提升，與美國的差距將持續縮小。目前，按

---

1 2016 年的資料來源於《中華人民共和國 2016 年國民經濟和社會發展統計公報》，
　其餘資料來源於《中國統計年鑑》（各年），下同。

照購買力平價計算，中國的經濟規模已經超越美國成為世界第一。即使從現實 GDP 看，中國與美國的差距也已經不斷縮小，如果未來中國能夠保持 6.5% ～ 7% 的增長速度，而美國保持平均 3% 的增速，那麼中國 GDP 有望在十幾年的時間內反超美國，成為世界第一經濟大國。

（二）農業持續穩定發展，農作物產量穩步提高

從世界經濟發展的規律看，一個國家現代化的進程，伴隨著農業比重的不斷下降和農業人口的減少。但是，這並不意味著農業不重要，作為國民經濟的基礎，農業對中國這樣的一個大國具有重要的意義，保持農業的穩定發展，是維持中國經濟和社會持續發展的前提。中國在經濟發展的實踐中，特別重視農業發展問題，農業保持了持續穩定發展的局面。

從農業產值上看，農業增加值從 1978 年的 1018.5 億元，提高到 2016 年的 63671 億元，用貨幣價格衡量增長了 61.5 倍，年均名義增長率為 11.5%，低於同期 GDP 名義增長率（15.0%）3.5 個百分點。考慮到農業在經濟發展過程中比重不斷下降的情況，其增長率還是相當可觀。從中國農作物種植面積情況看，1978 年面積為 15010 萬公頃，在經歷了播種面積有所減少的趨勢之後，進入 20 世紀 90 年代中期之後，雖然個別年份有所反復，但是整體保持增長的趨勢。2015 年農作物播種面積達到 16637 萬公頃，比 1978 年提高了 10.8%。這一增長幅度雖然較小，但是能夠在快速的工業化過程中，保持農業種植面積不降反增，說明中國在農業耕地方面高度重視。2015 年中國耕地為 24.95 億畝，遠高於 18 億畝，表明中國農業保護非常到位。其中，糧

食播種面積 11334 萬公頃，比 1978 年下降了 6.0%；占農作物播種面積的 68.1%，比 1978 年下降了 12.2 個百分點。農作物播種面積下降，說明了經濟效益更高的其他作物所占比重有所提高，這與中國農業總產值持續提升有一定相關度，而糧食總播種面積相對比較穩定，下降幅度較小，說明中國在糧食安全方面的工作做得較好。

農作物產量穩步提高。糧食產量從 1978 年的 30476.5 萬噸，提高到 2016 年的 61624 萬噸，在播種面積有所下降的情況下，產量提高了 102.2%，單位產量提高了 1 倍。其中，從 2003 年開始，中國糧食產量保持一路上升，實現了「十一連增」，這是一個可喜的成就。從其他農作物情況看，自 1978 年以來均保持了比糧食更快的增長，棉花、油料、甘蔗、煙葉、茶葉、水果分別從 1978 年的 216.7 萬噸、521.8 萬噸、2111.6 萬噸、124.2 萬噸、26.8 萬噸、657.0 萬噸，提高到 2015 年的 560.3 萬噸、3537.0 萬噸、11696.8 萬噸、283.2 萬噸、224.9 萬噸和 27375.0 萬噸，分別增長了 1.59 倍、5.78 倍、4.54 倍、1.28 倍、7.39 倍和 40.67 倍。

表 3-2　1978 ～ 2015 部分年份農作物產量情況（單位：萬噸）

年份	糧食	棉花	油料	甘蔗	煙葉	茶葉	水果
1978	30476.5	216.7	521.8	2111.6	124.2	26.8	657.0
1980	32055.5	270.7	769.1	2280.7	84.5	30.4	679.3
1985	37910.8	414.7	1578.4	5154.9	242.5	43.2	1163.9
1990	44624.3	450.8	1613.2	5762.0	262.7	54.0	1874.4
1995	46661.8	476.5	2250.3	6541.7	231.4	58.9	4214.6
2000	46217.5	441.7	2954.8	6828.0	255.2	68.3	6225.1
2001	45263.7	532.4	2864.9	7566.3	235.0	70.2	6658.0
2002	45705.8	491.6	2897.2	9010.7	244.7	74.5	6952.0

續表

年份	糧食	棉花	油料	甘蔗	煙葉	茶葉	水果
2003	43069.5	486.0	2811.0	9023.5	225.7	76.8	14517.4
2004	46946.9	632.4	3065.9	8984.9	240.6	83.5	15340.9
2005	48402.2	571.4	3077.1	8663.8	268.3	93.5	16120.1
2006	49804.2	753.3	2640.3	9709.2	245.6	102.8	17102.0
2007	50160.3	762.4	2568.7	11295.1	239.5	116.5	18136.3
2008	52870.9	749.2	2952.8	12415.2	283.8	125.8	19220.2
2009	53082.1	637.7	3154.3	11558.7	306.6	135.9	20395.5
2010	54647.7	596.1	3230.1	11078.9	300.4	147.5	21401.4
2011	57120.8	659.8	3306.8	11443.5	313.2	162.3	22768.2
2012	58958.0	683.6	3436.8	12311.4	340.7	179.0	24056.8
2013	60193.8	629.9	3517.0	12820.1	337.4	192.4	25093.0
2014	60702.6	617.8	3507.4	12561.1	299.5	209.6	26142.2
2015	62143.9	560.3	3537.0	11696.8	283.2	224.9	27375.0

資料來源：《中國統計年鑑》（2016）。

　　從畜牧產品情況看，肉類產量從 1980 年的 1205 萬噸，提高到 2015 年 8625 萬噸，增長了 6.16 倍，年均增長率達到 5.8%；牛奶產量從 1978 年的 88 萬噸提高到 2015 年的 3755 萬噸，37 年時間提高了 41.67 倍，年均增長率達到 10.7%，增速非常快，反映出人們對營養健康的重視和生活水平的提高；綿羊毛產量從 13.8 萬噸提高到 2015 年的 42.7 萬噸，提高了 2.10 倍，年均增長率達到 3.10%；禽蛋產量從 1985 年的 535 萬噸，提高到 2015 年的 2999 萬噸，30 年時間增長了 4.61 倍，年均增長率達到 5.91%；水產品總產量從 1978 年的 465 萬噸，提高到 2015 年的 6700 萬噸，37 年時間裡增長了 13.41 倍，年均增長率達到 7.48%。

表 3-3　1978～2015 部分年份畜牧和水產品產量情況

年份	肉類產量（萬噸）	牛奶產量（萬噸）	綿羊毛產量（噸）	禽蛋產量（萬噸）	水產品總產量（萬噸）
1978	——	88	138000	——	465
1980	1205	114	175728	——	450
1985	1927	250	177953	535	705
1990	2857	416	239457	795	1237
1995	5260	576	277375	1677	2517
2000	6014	827	292502	2182	3706
2005	6939	2753	393172	2438	4420
2010	7926	3576	386768	2763	5373
2011	7965	3658	393072	2811	5603
2012	8387	3744	400057	2861	5908
2013	8535	3531	411122	2876	6172
2014	8707	3725	419518	2894	6450
2015	8625	3755	427464	2999	6700

資料來源：《中國統計年鑑》（2016）。

（三）工業迅速發展，主要工業品產量位居世界前列

　　工業作為工業化前期進程的主導行業，在經濟發展的初期會以較快的速度增長。改革開放以後，中國工業發展十分迅速，工業增加值從 1978 年的 1607 億元，提高到 2016 年的 247860 億元[1]，扣除物價因素，實際上增長了 49.8 倍，年均增長率達到 10.9%，高於同期 GDP 增長率（9.6%）1.3 個百分點，高於同期農業增長率（4.4%）6.5 個百分點，高於同期服務業（10.5%）0.4 個百分點。整體來說，在三大產

---

1 此處的工業是狹隘的工業概念，不是指第二產業。

業中，工業發展速度最快，並在 2006 年和 2008 年分別超越日本和美國，成為世界第一製造業大國；2009 年中國製造業增加值占全球比重達到 21.22%[1]，已經名副其實地成為「世界工廠」。

主要工業品產量快速增長，如表 3-4 所示，各工業品從 2000 年以來，產量均有較快增長。其中 2014 年（或者 2013 年）產量與 2000 年（或者 2005 年）產量之比，超過 10 倍的有微型電腦設備、轎車、集成電路，前者分別是後者的 52.20 倍、20.57 倍、17.27 倍；位於 5 倍到 10 倍之間的行業分別是原鋁、發動機、橡膠輪胎外胎、房間空氣調節器、家用電冰箱、化學纖維、筆記本電腦、十種有色金屬、生鐵、化學藥品、紗，前者分別是後者的 9.85 倍、9.39 倍、7.94 倍、7.92 倍、6.88 倍、6.33 倍、5.98 倍、5.59 倍、5.43 倍、5.16 倍、5.14 倍。中國多數工業品產量都位居世界前列，據統計，截至 2012 年年底，有 220 多種產品產量在全球排名第一[2]。

表 3-4　2000 ～ 2014 部分年份主要工業品產量情況

指標	2014 年	2013 年	2012 年	2011 年	2010 年	2005 年	2000 年	2014 年倍數
原煤產量（億噸）	38.7	39.7	39.5	37.6	34.3	23.7	13.8	2.80
成品糖產量（萬噸）	1642.7	1592.8	1409.5	1187.4	1117.6	912.4	700.0	2.35

1 金碚：〈全球競爭新格局與中國產業發展趨勢〉，《中國工業經濟》2012 年第 5 期。
2 〈工信部部長：中國 220 多種工業品產量居全球第一位〉，http：//news. xinhuanet. com/fortune/2013-03/25/c_115145563. htm，2013 年 3 月 25 日。

目標

指標	2014 年	2013 年	2012 年	2011 年	2010 年	2005 年	2000 年	2014 年倍數
紗產量（萬噸）	3379. 2	3200. 0	2984. 0	2717. 9	2572. 8	1450. 5	657. 0	5. 14
機制紙及紙板產量（萬噸）	——	11368. 2	10956. 5	11010. 9	9832. 6	6205. 4	2486. 9	4. 57*
硫酸（折100%）產量（萬噸）	8846. 3	8154. 5	7876. 6	7482. 7	7090. 5	4544. 7	2427. 0	3. 64
燒鹼（折100%）產量（萬噸）	3059. 0	2927. 4	2696. 8	2473. 5	2228. 4	1240. 0	667. 9	4. 58
乙烯產量（萬噸）	1696. 7	1599. 3	1486. 8	1527. 5	1421. 3	755. 5	470. 0	3. 61
農用氮、磷、鉀化肥產量（萬噸）	6887. 2	7026. 2	6832. 1	6419. 4	6337. 9	5177. 9	3186. 0	2. 16
化學藥品原藥產量（萬噸）	——	271. 0	292. 2	248. 9	226. 1	126. 7	52. 6	5. 16*
化學纖維產量（萬噸）	4389. 8	4160. 3	3837. 4	3390. 1	3090. 0	1664. 8	694. 0	6. 33
橡膠輪胎外胎產量（萬條）	——	96503. 6	89370. 5	83566. 2	77611. 8	34390. 1	12157. 9	7. 94*
平板玻璃產量（萬重量箱）	79261. 7	79285. 8	75050. 5	79107. 6	66330. 8	40210. 2	18352. 2	4. 32
生鐵產量（萬噸）	71159. 9	71149. 9	66354. 4	64050. 9	59733. 3	34375. 2	13101. 5	5. 43
十種有色金屬產量（萬噸）	4380. 1	4054. 9	3697. 0	3435. 4	3121. 0	1635. 0	783. 8	5. 59

續表

指標	2014 年	2013 年	2012 年	2011 年	2010 年	2005 年	2000 年	2014 年倍數
原鋁（電解鋁）產量（萬噸）	2751.7	2543.8	2314.1	1961.4	1577.1	778.7	279.4	9.85
發動機產量（萬千瓦）	——	177054.8	136111.5	137099.4	138592.0	36563.5	18857.3	9.39*
鐵路客車產量（輛）	——	4716.0	7562.0	6853.1	7450.0	2001.0	3244.0	1.45*
轎車產量（萬輛）	1248.3	1210.4	1077.0	1012.7	957.6	277.0	60.7	20.57
摩托車整車產量（萬輛）	——	2581.2	2603.0	2735.5	2734.2	1690.9	960.2	2.69*
家用電冰箱產量（萬台）	8796.1	9255.7	8427.0	8699.2	7295.7	2987.1	1279.0	6.88
房間空氣調節器產量（萬台）	14463.3	13069.3	12398.7	13912.5	10887.5	6764.6	1826.7	7.92
程式控制交換機產量（萬線）	3123.1	2698.5	2829.1	3034.0	3138.0	7720.9	7136.0	0.44
微型計算機設備產量（萬台）	35079.6	35348.4	31806.7	32036.9	24584.5	8084.9	672.0	52.20
筆記本計算機產量（萬台）	——	27278.9	25289.4	23897.4	18584.1	4565.0	——	5.98#
積體電路產量（萬塊）	10155300	9034600	7796100	7195200	6525000	2699729	588000	17.27
彩色電視機產量（萬台）	14128.9	12745.2	12823.5	12231.3	11830.0	8283.2	3936.0	3.59

指標	2014 年	2013 年	2012 年	2011 年	2010 年	2005 年	2000 年	2014 年 倍數
數碼照相機產量（萬台）	——	4683.4	7007.1	8051.3	9128.5	5523.0	——	0.85#
發電量（億千瓦時）	56495.8	54316.4	49876.0	47130.2	42071.6	25002.6	13556.0	4.17

資料來源：國家統計局網站，其中帶 * 號的是 2013 年產量與 2000 年相比的數值，帶 # 的是 2013 年產量與 2005 年相比的倍數，其餘為 2014 年產量與 2000 年相比的數值。

（四）服務業快速發展，成為推動經濟發展主動力

中國服務業整體呈現快速發展趨勢，增加值從 1978 年的 872 億元提高到 2016 年的 384221 億元，扣除物價因素，提高了 44.90 倍，年均增長率高達 10.5%，其增速略低於工業。但是從 2012 年開始，第二產業（包括工業）增加值增長率迅速下降，而服務業卻保持了相對穩定的增長率（8% 以上），並從 2012 年實現了增加值對第二產業（包括工業和建築業）的反超。整體來看，服務業已經逐步成為推動中國經濟發展的主導產業，其中對經濟發展具有突出作用的生產性服務業和具有相當技術含量的高技術服務業正在迅速發展，成為中國經濟發展的新亮點。

二、創新迅速發展，部分領域取得突出成效

隨著中國經濟發展和創新型國家建設的推進，中國在創新領域取得突出成就。這主要表現在技術創新領域，研發投入和產出都迅速增

加，正在逐步改變這些方面落後的局面，自主技術創新在此帶動下，也呈現出逐步提升趨勢；在業態創新領域，中國取得了諸多創新性成果，並成為其他國家模仿的對象。

（一）技術創新投入和產出迅速增加，整體技術創新水準逐步提升

中國對技術創新一直持高度重視的態度，這一點在進入新世紀後表現得尤為明顯。進入 21 世紀以來，在相關政策的推動下，中國在技術創新方面的投入持續增加，在投入方面和發達國家的差距迅速拉近，在部分指標方面已經達到發達國家水準，擺脫了以前研發投入嚴重不足的局面。在此帶動下，中國整體技術創新能力水準逐步提升，研發出了一批創新性成果。

整體而言，中國專利數量增長率較高，2011 年中國專利申請量超越美國，成為世界第一，之後便一直保持著這一地位。[1] 隨著研發經費投入和產出的增加，中國在技術創新方面取得了豐碩的成果，一批先進技術研發成功，在部分領域與發達國家差距縮小。例如，在基礎研究領域，湧現出一批世界首創的研究成果。北京大學的科研團隊發現了 Cips 誘導體細胞，這對再生醫學未來的發展具有重大意義；中國科技大學和清華大學聯合研究，實現了距離達到 16 公里的量子隱形傳

---

1 〈中國專利申請量連續 4 年世界第一〉，《新民晚報》2015 年 4 月 16 日。

遞，創造了世界紀錄；[1] 清華大學的施一公團隊在解析剪接體結構方面獲得了解析度高達 3.6 埃的剪接體三維分子結構，並闡釋了其工作機理，在結構生理學方面取得了重大進展，有專家稱這是中國近 30 年來對基礎生命科學最大的貢獻[2]。另外，中國女科學家屠呦呦因為在青蒿素的提取和研究方面取得的成就於 2015 年 10 月 5 日獲諾貝爾生理學或醫學獎，成為第一個獲得自然科學領域諾貝爾獎的中國人，展示了中國在科學研究方面的成就[3]。長久以來，原創能力不足一直是中國技術創新領域的難題，這些研究成果表明中國原創能力取得了一定突破。

（二）業態創新方面取得全球領先成果

近幾年來，隨著「互聯網＋」在國內如火如荼的發展，加之促進創新創業的相關優惠政策推動，中國在業態創新方面取得了全球矚目的成果，其中最突出的就是電商。

電商的實質就是「互聯網＋商業」，是最早出現的「互聯網＋」形式之一。它是借助互聯網相關技術和平臺，實現消費者和銷售商之間的虛擬的直接交易，通過快遞等方式將商品直接送貨上門的形式。電子商務出現的時間較早，早在 20 世紀 90 年代就開始出現，但是當

---

1 http：//news.12371.cn/2015/10/22/ARTI1445451095310860.shtml，萬鋼：＜輝煌十二五「十二五」以來特別是黨的十八大以來中國科技創新重要進展和成就＞，2015 年 10 月 22 日。

2 ＜施一公團隊首次捕獲剪接體高解析度結構＞，《中國青年報》2015 年 8 月 24 日。

3 ＜屠呦呦獲諾獎：中國原創藥青蒿素為何無專利權？＞，《新京報》2015 年 10 月 14 日。

時的電子商務和我們現在熟悉的淘寶、京東等概念不是一回事，廣泛意義的電子商務包括 B2B、B2C 或 C2C 等方式，而我們現在通常強調的電商，主要就是指網路零售模式。

電子商務在中國發展很快，已經成為商業領域不可或缺的一個組成部分。電子商務尤其是網路零售的快速發展，深深改變了人們的生活方式。現在，大量的年輕人已經習慣于足不出戶的網路購物。同時，隨著網路購物相關制度的完善，無論是開發票、退貨等制度都較為完善，人們的一些後顧之憂也隨之消失。一些新的購物習慣已經慢慢形成，例如積攢相關的購物需求，選擇「光棍節」（即 11 月 11 日）等特定日期進行集中購買，現在，「雙十一」已經成為網路購物的一個「狂歡節」，據統計，2015 年 11 月 11 日，阿里巴巴旗下各平臺的總交易額超過 912 億元，同比增長接近 60%；天貓 2015 年「雙十一」的銷售額是 2009 年的 1800 倍，增長之迅速，可見一斑。「雙十一」購物已經成為電商的一大品牌，而且正走出中國，影響世界。巨大的銷售額不僅引起國外媒體關注，將其稱為「全世界重量級銷售奇跡」，同時很多國外消費者也已經加入其中。

從對銷售行業的影響來看，網路零售的極速擴張，正嚴重衝擊實體銷售部門。同時，一些傳統的銷售巨頭，也建立起電子商務的銷售渠道，如蘇寧電器、國美電器等。但是，我們應該看到，實體店具有電子商務所不具有的優勢，如直接面對商品獲得有關商品的直接感受、享受購物的樂趣以及購物過程中伴隨的飲食、娛樂活動等，所以傳統實體店只要針對消費者相關的購物需求變化，提供相應的服務，依然具有較強的生存空間。

三、社會建設取得突出成就

改革開放以來，中國在社會建設方面取得了突出成就，具體表現在如下方面。

（一）人民生活水準迅速提升

隨著中國經濟持續快速增長，人均收入持續提高，人們用於消費的比重不斷增加，生活水準也隨之提高。在這一點上，我們可以從居民在服務業方面的消費情況看出來。

根據馬斯洛的需求層次理論，人的需求是分層次的，需求會由低級向高級跨越，在消費方面，則表現為對物質產品的檔次、多樣性、科技含量等要求越來越高，個性化差異需求分化越來越顯著，並呈現越來越重視無形的服務和精神享受的特性。據統計，城鎮居民人均現金消費支出從 1990 年的 1278.9 元提高到 2015 年的 17887.0 元，其中醫療保健支出從 25.7 元提高到 1153.7 元，占人均消費支出的比重從 2.0% 提高到 6.4%，增加了 4.4 個百分點；交通通信支出從 40.5 元，提高到 2889.8 元，所占比重從 3.2% 提高到 16.2%，增加了 13.0 個百分點；文教娛樂支出從 112.3 元提高到 2381.0 元，所占比重從 8.8% 提高到 13.3%%，增加了 4.5 個百分點；三項服務累計金額從 178.4 元提高到 6424.5 元，所占比重從 14.0% 提高到 35.9%，增加了 21.9 個百分點。可以看出，無論是各項服務消費支出，還是整體的服務消費支出，其比重均有大幅度提高，表明隨著人均收入的提高，人們對無形的服務和精神享受方面的支出正不斷增加，這是人民生活

水準提升的一個重要標誌。

（二）扶貧問題取得重大進展

作為一個後發國家，中國貧困人口數量曾經一度眾多。但是隨著中國經濟發展、國家財力的不斷增強以及對貧困問題的持續重視，貧困人口持續減少。特別是十八大以來，隨著精准扶貧措施的推進，我國在扶貧方面取得更大進展。根據十九大報告的數字，中國在 5 年時間內，使超過 6000 萬的人口實現了穩定脫貧，貧困發生率從 10.2% 降低到 4% 以下，這是一個了不起的成就。中國是一個疆域廣大、人口分布不均、經濟發展不均衡的國家，這就導致了剩餘的貧困人口多集中在偏遠地區，存在著突出的貧困區域集中、脫貧成本高、扶貧難度大的特點。據統計，到 2014 年中國有 14 個集中連片特困區，單一片區縣達到 240 個，國家扶貧開發重點貧困縣達 592 個，貧困村達 12.8 萬個，貧困戶達 2948.5 萬戶；貧困人口超過 500 萬的省有 6 個，其中貴州省達到 623 萬人，貧困發生率超過 15% 的省達到 5 個，其中最高的西藏達到 23.70%[1]。另一方面，這些貧困地區中產業基礎薄弱的地區，人口受教育程度不高、生存技能缺乏，這就決定了要通過在當地發展經濟，從根源上幫助當地人口脫貧的難度很大。因此能夠取得如此的成績，充分表明十八大以來的精准扶貧起到了相當好的效果。

---

1 張永軍：〈中國扶貧現狀與任務〉，《西部大開發》2016 年第 Z1 期。

（三）教育問題成效顯著

新中國成立以來，中國就對教育問題十分重視，但是到改革開放初期，教育水準依然較為落後，這突出體現在受過高中以上教育的人口數量少，特別是受過高等教育的人口占人口總比重很低。但是改革開放以來，隨著相關教育改革逐步推進、高校擴招數量不斷增加，到目前為止，中國的教育狀況發生了翻天覆地的變化。以高等教育在校人口比重為例，1990 年中國每 10 萬人中，在校的大學生數量為 326 人，到 2015 年提高到 2524 人，在 25 年的時間裡提高了 6.64 倍；同時，研究生以上高等教育招生人數迅速增加，從 1978 年的 1.07 萬人提高到 2015 年的 64.51 萬人，提高了近 60 倍。隨著教育建設的推進，中國受過高等教育的人口比重迅速增加，根據《中國統計年鑑（2016）》2015 年全國人口抽樣調查的相關資料，在被調查的 1983.3 萬人中，大學專科、大學本科及研究生學歷的人分別達到 135.2 萬、117.5 萬、11.6 萬，占被調查人口的 13.3%。同時，隨著經濟的發展，各種類型的職業教育、培訓教育迅速發展起來，從而可以滿足不同類型的教育需求，特別是終身教育越來越成為趨勢，這些類型的教育模式正在蓬勃發展。

（四）社會保障體系不斷完善

根據各國的發展經驗，社會保障體系的完善與經濟發展程度相關，正是有了足夠的財政資金來源，才能支撐起龐大的社會保障體系，使人們的生活水準不斷得到保障。隨著中國經濟發展，中國社會

保障體系正在不斷完善，已經初步形成遍及城鄉、涵蓋面不斷增加、保障力度逐步提升的社會保障體系，越來越多的人享受到醫療、養老、失業等福利待遇。例如，一直是社會保障體系薄弱環節的農村，其中社會保障的普及度和保障力度正在不斷增加，城鄉之間在社會保障方面的鴻溝逐漸縮小。同時與人們生活息息相關的一系列公共服務無論在數量還是品質方面都穩步提高。例如，隨著部分大城市的擴張，交通問題成為許多城市的突出問題，而隨著在此方面的公共投資不斷增加，公共交通體系在許多城市得到迅速發展，有效緩解了交通問題。例如，北京的地鐵體系將整個城市聯通起來，方便了大量人口的通勤，有效地滿足了人們的交通需要。另外，房子作為一個必需品，是人人所需的，而在房價迅速提升的情況下，政府陸續出臺了一系列措施，保障人們的住房需要。特別是近幾年，保障性住房的力度不斷加大，有效滿足了中低收入群體的住房需要，大大提高了人民生活的幸福度。

四、生態文明建設不斷取得進展

隨著經濟的持續發展，中國環境污染等所引發的生態問題突出，生態文明建設面臨嚴峻挑戰。在這種情況下，中國出臺了一系列措施，帶動生態文明建設取得良好效果，特別是十八大以來，這一點表現得尤為明顯。

目標

（一）十八大以來中國在生態文明建設方面出臺的措施

一是高度強化頂層設計機制，制定了整體規劃。2015 年 4 月，中共中央、國務院出臺了《關於加快推進生態文明建設的意見》，將生態文明建設作為一項具體工作制定了總體要求、目標願景、重點任務、制度體系。在總體要求上，提出「以健全生態文明制度體系為重點，優化國土空間開發格局，全面促進資源節約利用，加大自然生態系統和環境保護力度，大力推進綠色發展、循環發展、低碳發展，弘揚生態文化，宣導綠色生活，加快建設美麗中國，使藍天常在、青山常在、綠水常在，實現中華民族永續發展」；在主要目標上，提出到 2020 年要實現生態環境品質總體改善、生態文明重大制度基本確立等要求；在重點發展任務上，高度強調加快經濟結構調整、發展綠色產業和循環產業、保護和修復自然生態等。為了詳細落實這一意見，2015 年 9 月，中共中央和國務院關於《生態文明體制改革總體方案》出臺。該方案提出了「立足中國社會主義初級階段的基本國情和新的階段性特徵，以建設美麗中國為目標，以正確處理人與自然關係為核心，以解決生態環境領域突出問題為導向，保障國家生態安全，改善環境品質，提高資源利用效率，推動形成人與自然和諧發展的現代化建設新格局」的要求；要求樹立尊重自然、順應自然、保護自然的理念，發展和保護相統一的理念，綠水青山就是金山銀山的理念，自然價值和自然資本的理念，空間均衡的理念，山水林田湖是一個生命共同體的理念；在此基礎上，提出健全自然資源資產產權制度、建立國土空間開發保護制度、健全資源有償使用和生態補償制度等一系列制度，以求逐步從根源上推動生態文明建設。

　　二是相關規劃不斷出臺，生態環保法制建設日趨健全。2013 年 9 月中國出臺了《大氣污染防治行動計畫》，2015 年 6 月出臺了《水污染防治行動計畫》，2016 年 5 月出臺了《土壤污染防治行動計畫》，一系列的專項規劃將生態建設所涉及的重要內容囊括進來，並對不同領域存在的突出問題、新問題規定了針對性措施，同時積極在相關的體制和管理方式上進行創新。

　　另一方面，相關的環保法制建設不斷進步。2015 年，被稱為「史上最嚴」的新環保法正式實施。這部歷經多次修正的法律，出臺了一系列強硬措施，以推進環保法律得到切實有效的實施。例如，該法律制定了「按日計罰」的制度，即針對連續性違法排放的行為，以日為單位，進行累積性罰款，這一條款取代了之前的一次性的總額罰款制度，違法行為的罰款金額大幅上升，震懾力明顯增強。三是生態環保執法監管力度空前增強。十八大以來，相關部門采取了一系列的執法監管措施，如京津冀大力推進壓減燃煤行動，北京採取了全面關停燃煤機組，大幅壓縮工業用煤規模、推進「煤改電」「煤改氣」等各項措施推進各項行動，並嚴格監控相關行動推進；對於排放不達標的企業，相關部門按照嚴格的標準進行推進，對於「散亂污」企業進行強化監督，對於不達標企業採取關停等強制性措施。這一系列行動，切實推進了環保法律法規的執行情況，對生態文明建設起到重要的保障作用。

（二）十八大以來中國生態文明建設取得的成就

1.各項污染物呈現加速下降趨勢，污染總量減少

在相關措施的大力推進下，中國生態文明建設取得了一系列成就，中國環境污染的狀況大有好轉。以大氣污染物排放為例，2011年二氧化硫排放量由2217.9萬噸減少到2043.9萬噸，降低了7.8%；氮氧化物排放量由2404.3萬噸減少到2227.4萬噸，降低了7.4%；煙（粉）塵排放量由1278.8萬噸減少到1278.1萬噸，降低了0.1%。十八大之後，生態文明建設進程明顯加速，二氧化硫排放量由2043.9萬噸下降到1859.1萬噸，下降幅度達到10.0%；氮氧化物排放量由2227.4萬噸下降到1851.0萬噸，下降幅度達到16.9%。這就表明中國大氣污染的排放情況，整體正向著明顯好轉轉變。

表 3-5　中國大氣污染排放情況

時間	二氧化硫排放量 （萬噸）	氮氧化物排放量 （萬噸）	煙（粉）塵排放 （萬噸）
2011	2217.9	2404.3	1278.8
2012	2118.0	2337.8	1235.8
2013	2043.9	2227.4	1278.1
2014	1974.4	2078.0	1740.8
2015	1859.1	1851.0	1538.0

資料來源：《中國統計年鑑》（各年）。

在群眾關心的霧霾方面，2016年中國各地區的PM2.5平均濃度比2013年明顯下降，具體來說，京津冀下降了33%、長江三角洲地

區下降了 31.3%、珠江三角洲地區下降了 31.9%[1]。正是由於中國生態建設取得了如此的成就，2016 年聯合國環境規劃署發佈了《綠水青山就是金山銀山：中國生態文明戰略與行動》報告，介紹了中國生態文明建設理念與經驗，中國的相關措施為全球可持續發展提供了借鑒。

2. 生態建設投入不斷增加，產出效果顯著

十八大以來，中國生態建設投入迅速增加。如表 3-6 所示，2011 年至 2013 年中國環境污染治理投資總額從 7114.0 億元增加到 9037.2 億元，提高了 27.0%，2014 年進一步提高到 9575.5 億元，2015 年投資總額儘管有所回落，也明顯高於 2012 年的數值。城市園林綠化建設投資、城市市容環境衛生建設投資、工業污染源治理投資也呈現出類似趨勢，如工業污染源治理投資額從 2011 年的 444.4 億元增加到 2013 年的 849.7 億元，提高了 91.2%，2014 年進一步提高到 997.7 億元。2015 年儘管也出現了下降的趨勢，但是其數值也顯著高於 2012 年資料。個別年份的數值下降，不能說明太多問題，從整體看，中國生態建設投入增加的趨勢十分明顯。

---

1 李洪峰：〈歷史性變革和新的發展階段〉，《天津日報》2017 年 9 月 11 日。

表 3-6　中國環境污染投資情況

時間	環境污染治理投資總額（億元）	城市園林綠化建設投資額（億元）	城市市容環境衛生建設投資額（億元）	工業污染源治理投資（億元）
2011	7114.0	1991.9	556.2	444.4
2012	8253.5	2380.0	398.6	500.5
2013	9037.2	2234.9	505.8	849.7
2014	9575.5	2338.5	592.2	997.7
2015	8806.3	2075.4	472.0	773.7

資料來源：《中國統計年鑑》（各年）。

　　相關的投資，取得明顯的效果。例如，造林總面積在 2013 年之後呈現快速提升的態勢。2004 年到 2015 年間，中國造林面積和人工造林面積兩個指標，並非呈現一路穩步提升的趨勢，而是各年之間呈現出較大的波動，部分年份呈現明顯下降的狀況。例如 2004 年到 2006 年，中國造林總面積由 5598.1 千公頃下降到 2717.9 千公頃，下降了 51.4%；人工造林面積由 5018.9 千公頃下降到 2446.1 千公頃，下降了 51.3%。這種年度之間快速下降的趨勢，意味著儘管在這些年度造林的總面積仍然提高，但是其增速會迅速下降。2013 年以來，中國造林面積呈現快速提高，2013 年造林總面積達到 6100.0 千公頃，超過了之前各年的最高值，2015 年則達到 7683.7 千公頃，兩年時間提高了 26.0%。考慮到這是在較大基數上實現的，能夠取得這樣的成績實屬不易。這能夠在一定程度表明，十八大以來，各級政府對造林問題更加重視。

五、文化建設快速推進

改革開放以來，中國文化建設也取得了良好效果，特別是近幾年來，更是快速推進。具體來說，表現在如下幾方面。

（一）文化大繁榮局面已經初步形成

改革開放以來特別是十八大以來，隨著黨中央對文化建設的重視，出臺了一系列指導性的方針和措施，使文化創作得以不斷進步，扭轉了之前文化發展過程中出現的一些問題，使文化呈現出日益繁榮的局面。

黨的十七屆六中全會通過了《中共中央關於深化文化體制改革推動社會主義文化大發展大繁榮若干重大問題的決定》，提出「堅持中國特色社會主義文化發展道路，努力建設社會主義文化強國」「推進社會主義核心價值體系建設，鞏固全黨全國各族人民團結奮鬥的共同思想道德基礎」「全面貫徹『二為』方向和『雙百』方針，為人民提供更好更多的精神食糧」等要求。黨的十八大提出了要建設社會主義文化強國的目標，在全面建成小康社會的目標體系中提出要「文化軟實力顯著增強」的目標，並進一步將其解釋為「社會主義核心價值體系深入人心，公民文明素質和社會文明程度明顯提高。文化產品更加豐富，公共文化服務體系基本建成，文化產業成為國民經濟支柱性產業，中華文化走出去邁出更大步伐，社會主義文化強國建設基礎更加堅實」。十九大提出要「堅定文化自信，推動社會主義文化繁榮興盛」，指出「中國特色社會主義文化，源自於中華民族五千多年文明歷史所

孕育的中華優秀傳統文化，熔鑄于黨領導人民在革命、建設、改革中
創造的革命文化和社會主義先進文化，植根於中國特色社會主義偉大
實踐。發展中國特色社會主義文化，就是以馬克思主義為指導，堅守
中華文化立場，立足當代中國現實，結合當今時代條件，發展面向現
代化、面向世界、面向未來的，民族的科學的大眾的社會主義文化，
推動社會主義精神文明和物質文明協調發展。要堅持為人民服務、為
社會主義服務，堅持百花齊放、百家爭鳴，堅持創造性轉化、創新性
發展，不斷鑄就中華文化新輝煌。」同時，還推出了包括《深化文化
體制改革實施方案》《國家「十三五」時期文化發展改革規劃綱要》
等推動文化繁榮發展的具體性文件。

　　在黨中央的指導下，中國的文化發展十分迅速。優秀作品不斷出
現，文化引領風尚、教育人民、服務社會的作用不斷增強。創造出更
多的無愧於歷史、無愧於時代、無愧於人民的文化作品，是文化繁榮
的重要標誌。十八大以來，中國在精品文化創作方面繼續實施了包括
電影、電視劇、動畫片、紀錄片和圖書出版物等在內的「五個一百部」
重點創作規劃，陸續推出了《中國共產黨的九十年》《築夢路上》《湄
公河行動》《海棠依舊》等一大批優秀的圖書、電影、電視劇、紀錄
片和動畫片文化產品，同時推出了《中國詩詞大會》等一大批優秀原
創節目；同時實施「中國文藝原創精品出版工程」，推出了《火印》
等一大批反映時代主流的原創精品作品[1]。這些優秀的文化作品，不僅
豐富了人民的精神文化生活，還起到了教育人民、引領人民的作用。

---

1 〈十八大以來我國文化產業發展成就綜述〉，http://www.gd.xinhuanet.com/
　newscenter/2017-05/11/c_1120957949.htm，2017 年 5 月 11 日。

另一方面，中國文化的繁榮局面，也使中國文化的國際影響力不斷增強。2012年中國作家莫言獲得諾貝爾文學獎，成為諾貝爾100多年歷史中第一位獲得此獎的中國人，說明中國的文化創作能力不斷提升，已經在國際範圍內引發了關注。2016年，中國兒童文學作家曹文軒獲得「國際安徒生獎」，這是第一次有中國人獲獎，該獎是全球兒童文學的最高榮譽，被譽為「兒童文學的諾貝爾獎」，表明中國的兒童文學水準已經得到國際認可。而作為科幻藝術屆的「諾貝爾獎」的雨果獎，中國人則連續兩次獲得，2015年劉慈欣憑藉其創作的小說《三體》獲得第73屆雨果獎最佳長篇小說獎，成為首次獲得該獎項的中國人；2016年另一位中國作家郝景芳憑藉《北京折疊》一書，再次摘得該獎。文學作為原創文藝的重要組成部分，其水準是文藝繁榮的最重要標誌之一，能夠連續在不同的國際頂尖大獎中摘得獎項，說明中國文化不僅內部正日益繁榮，其世界影響力也在不斷增強，而這對增進文化軟實力無疑十分重要。

（二）文化事業快速推進

文化事業是不以盈利為目的的、服務于公眾文化需要的公眾性文化機構。中國自新中國成立以來，就高度重視文化事業的發展，滿足廣大群眾的文化需要。改革開放以來，文化事業也隨著經濟發展而同步快速推進。

從公共服務機構的數量來看，相關的文化事業單位數量呈現快速增加趨勢。公共圖書館機構數從1978年的1218個提高到2015年的3139個，文化館從6893個提高到44291個，博物館從349個提高

到 3852 個，藝術表演團體從 3150 個提高到 10787 個，藝術表演場館從 1095 個提高到 2143 個。從文化事業發展服務的內容看，也呈現明顯提升趨勢，例如公共圖書館的藏書量從 2000 年的 40953 萬冊提高到 2015 年的 83844 萬冊，呈現明顯上升趨勢；圖書流通的總次數從 18854 萬次提高到 58892 萬次，提升幅度高於藏書量，表明圖書館對公眾的重要性不斷提升，服務的品質呈現上升趨勢。

從群眾文化的發展來看，中國也取得了巨大進步。根據《中華人民共和國文化部 2016 年文化發展統計公報》，2016 年中國共有群眾文化機構 44497 個，其中鄉鎮綜合文化站達到 34240 個。全國群眾文化機構從業人員 182030 人，其中具有高級職稱的人員 6026 人，占全部人員比重為 3.3%；具有中級職稱的人員 17133 人，占 9.4%。全國群眾文化機構累計組織開展各類文化活動達到 183.97 萬場次，比 2015 年增長 10.6%；服務人次達到 57896 萬，增長 5.6%。2016 年全國群眾文化機構共有館辦文藝團體 7779 個，演出 14.76 萬場，觀眾達到 8555 萬人次，由文化館（站）指導的群眾業餘文藝團體達到 39.84 萬個，館辦老年大學 857 個。

整體來看，中國文化事業的蓬勃發展，對廣大群眾的服務水準迅速提升。但是與廣大群眾日益增長的美好生活的需要相比，當前的公共文化事業發展尚顯不足，還需要進一步提高服務能力和服務水準。

（三）文化產業迅速發展

改革開放以來，文化產業以較快速度發展，特別是最近十幾年來，隨著文化產業的政策扶持力度不斷加大，其發展更是以極高的速

度推進。以「十二五」期間中國文化產業發展情況為例，據統計，2010 年中國文化產業增加值為 1.1 萬元，2014 年中國文化產業增加值達到 2.39 萬億元，比 2013 年提高 12.1%，與 2010 年相比，文化產業增加值實現了翻倍。從文化產業占 GDP 比重情況看，2010 年中國文化產業占 GDP 比重為 2.75%，2014 年則提高到 3.71%，提高了近 1 個百分點。[1]到 2015 年，文化產業進一步快速發展，根據統計局資料，2015 年全國文化產業增加值達到 2.73 萬億元，比 2013 年名義增長 11%，在 2014 年基礎上繼續保持兩位數增長，繼續保持快速增長態勢；文化產業占 GDP 比重達到 3.97%，比 2014 年提高 0.16 個百分點，對 GDP 增長的貢獻率達到 6.5%，比 2014 年提高了 1 個百分點，文化產業已經成為帶動中國經濟增長的重要動力。在就業方面，據統計，截至 2015 年年底，中國文化產業共解決就業 2041 萬人，比 2014 年增長 6.0%；而文化產業從業人員占全社會就業人員的比重達到 2.6%，比 2014 年提高 0.1 個百分點。[2]

從文化產業的不同行業看，各行業在最近幾年都保持高速增長。據統計，2010 年到 2014 年間，包括電影、數位出版、網路遊戲等許多文化行業的發展速度都超過 30%，文化產業發展十分強勁。[3]2015 年我國文化休閒娛樂業和以「互聯網＋」為主要形式的文化資訊傳

---

1 〈我國文化改革發展成就輝煌（輝煌「十二五」）〉，《人民日報》2015 年 10 月 10 日第 7 版。

2 〈我國文化產業實現快速增長〉，http：//www.gov.cn/zhengce/2016-09/02/content_5104702.htm，2016 年 9 月 2 日。

3 〈我國文化改革發展成就輝煌（輝煌「十二五」）〉，《人民日報》2015 年 10 月 10 日第 7 版。

輸服務業分別實現增加值 2044 億元和 2858 億元，增速分別達到
19.4% 和 16.3%；廣播電視電影服務業實現增加值 1227 億元，增速
達到 15.8%；文化創意和設計服務業實現增加值 4953 億元，增速達
到 13.5%。2016 年上半年，這一高速增長的趨勢繼續得以維持，文化
資訊傳輸服務業營業收入為 2502 億元，增速達 29.7%；文化藝術服
務業 125 億元，增速達 19.8%；文化休閒娛樂服務業 496 億元，增速
達 17.8%；廣播電視電影服務業 712 億元，增速達 16.4%；文化創意
和設計服務業 4341 億元，增速為 11.1%。[1] 另一方面，隨著中國文化
產業各行業的發展，文化產業的對外輸出速度也在不斷提升。例如，
電視劇出口總額從 2008 年的 1.25 億元增加到 2015 年的 5.13 億元，
7 年時間提高了 3.10 倍。其中，電視劇出口總額從 7525 萬元增加
到 37705 萬元，提高了 4.01 倍；動畫電視出口額從 2948 萬元提高到
10059 萬元，提高了 2.41 倍。

　　文化產業的快速發展，有效帶動了文化市場的繁榮，提高了人們不
斷增長的對文化服務的需求。例如，全國圖書出版從 1978 年的 14987
種提高到 2015 年的 475768 種，印刷數量從 37.7 億冊提高到 86.6 億冊，
均有大幅度的提高，這能在一定程度上反映出中國文化的發展。

（四）文化遺傳保護和弘揚傳統文化方面不斷進步

　　傳統文化及文化遺傳是中國文化的重要組成部分，因此加強文化

---

1 〈我國文化產業實現快速增長〉，http://www.gov.cn/zhengce/2016-09/02/
content_ 5104702.htm，2016 年 9 月 2 日。

遺傳保護和弘揚傳統文化，是促進中國文化繁榮、增進軟實力的重要組成部分。十八大以來，中國在這方面不斷努力，取得良好成效。具體來說，包括如下幾方面。

一是對文物進行仔細清理，摸清家底。據統計，中國現在有不可移動文化遺產 76 萬多處，其中全國重點文物保護單位達到 4200 多處；可移動文物 4000 多萬件，其中由國家評定的珍貴文物達到 417 萬件。在物質文化遺傳方面，中國非物質文化遺產項目有近 56 萬項，其中國家級非物質文化遺產 1370 多項。從中國文化遺產在全球的位次來看，我國列入世界自然和文化遺產名錄的文化遺產有 48 項，位居世界第二；列入世界非物質文化遺產名錄的有 38 項，位居世界第一。[1] 二是加強對文物進行保護。目前，中央財政每年對國家級文物保護的費用投入超過 80 億元，並著重加強了對文物防火、防盜、防破壞的相關保護。同時積極加強對新增文物的保護。十八大以來，加強統籌推進傳統村落整體保護利用的相關措施，對 270 個傳統村落保護利用做出規劃部署，首批 51 個村落保護安排資金 7.1 億元[2]。三是展覽相關文物，加強對人民群眾的教育。目前，國家要求博物館、展覽館、美術館、愛國主義教育基地實行免費開放，目的便在於吸引觀眾多到博物館去參觀，接受中華傳統文化及愛國主義的教育。[3]

---

1 〈我國文化改革發展成就輝煌（輝煌「十二五」）〉，《人民日報》2015 年 10 月 10 日第 7 版。
2 〈黨的十八大以來文物工作成就〉，http：//www. sach. gov. cn/art/2017/6/2/art_2006_ 141391. html，2017 年 6 月 2 日。
3 〈我國文化改革發展成就輝煌（輝煌「十二五」）〉，《人民日報》2015 年 10 月 10 日第 7 版。

（五）意識形態工作不斷加強，思想道德建設取得明顯成效

十八大以來，在保證黨對意識形態的領導能力不斷加強基礎上，意識形態工作不斷加強，以踐行社會主義核心價值觀、弘揚傳統優秀文化為主要內容的思想道德建設穩步推進，並取得了良好的效果。

十八大以來，黨通過加強對意識形態的領導，實現了全社會在思想上的統一。意識形態作為黨的一項極端重要的工作，事關黨的命運前途、國家的長治久安、民族凝聚力和向心力以及中國特色社會主義事業的成敗。[1] 在這樣的思想指導下，意識形態工作不斷進展，馬克思主義在意識形態領域的指導地位更加鮮明。而踐行核心價值觀、弘揚傳統優秀文化方面的思想道德建設，也在此基礎上得到提高。例如，在網路管理方面，面對網路上各種暴力、恐怖、色情以及錯誤思想的蔓延，採取了一系列的工作，用社會主義核心價值觀和傳統文化方面的思想去創造良好的網路環境。正如習近平總書記指出的：「我們要本著對社會負責、對人民負責的態度，依法加強網路空間治理，加強網路內容建設，做強網上正面宣傳，培育積極健康、向上向善的網路文化，用社會主義核心價值觀和人類優秀文明成果滋養人心、滋養社會，做到正能量充沛、主旋律高昂，為廣大網民特別是青少年營造一個風清氣正的網路空間」[2]。通過相關的建設工作，有力地減少了負面內容，正面宣傳的比重大幅提升，達到了以正確價值觀影響人的目的。

---

1 汪世錦：〈切實加強黨對意識形態工作的領導〉，http：//theory. people. com. cn/n1/2017/0925/c40531-29558146. html，2017 年 9 月 25 日。

2 〈習近平在網路安全和資訊化工作座談會上的講話〉，http：//news. xinhuanet. com/newmedia/2016-04/26/c_135312437_6. htm，2016 年 4 月 26 日。

在弘揚社會主義核心價值觀方面，通過黨報黨刊、電視、網路、報紙等各種不同形式的媒體，通過學校教育、家庭教育、社會教育等各個環節，通過展覽、展播、群眾文化等多種方式[1]，使社會主義核心價值觀逐漸內化于人心、見諸行動，使其成為影響老中青不同年齡、社會不同階層的精神力量。

第二節　中華民族偉大復興的階段性目標分析

按照黨中央的相關規劃，中華民族偉大復興的目標可以分為兩個層次：一是在第一個一百年，也就是 2020 年前後，實現全面建成小康社會的目標。而在之後的 30 年，則分為兩個階段：在 2035 年前後基本實現社會主義現代化；從 2035 年到本世紀中葉基本建成富強民主文明和諧美麗的社會主義現代化強國。

一、第一個一百年：全面建成小康社會目標

全面建成小康社會是近期將要達到的目標，從現在到 2020 年是全面建成小康社會的決勝階段，是全面建成小康社會實現最終目標的沖刺階段。在這一階段，我們需要強調如下兩點。

決勝階段最主要特徵是「決勝」。一方面，從時間上看，2020 年

---

1 戴木才：〈讓核心價值觀的影響像空氣一樣無所不在〉，《光明日報》2017 年 9 月 27 日第 10 版。

是全面建成小康社會的截止期限,因而,在這個時間段內,我們需要全面達成小康社會所提出的一系列目標。另一方面,之所以提出「決勝」這一概念,在很大程度上暗含著這一階段要實現相關目標,不是輕而易舉,而是面臨較大挑戰。全面建設小康社會決勝階段,本身也是中國從粗放型經濟增長模式向集約型經濟增長模式轉變的關鍵時期,這一時期最大的特徵是技術創新作為經濟發展動力由量變向質變轉變。但是,從傳統的要素驅動模式向創新驅動模式轉變,是一個較為漫長的過程,且這種緩慢的量變不會順利引發質變,而是需要克服各種「臨界效應」,並需要付出很大的代價。越接近創新的核心環節,整個技術創新活動對創新資源投入、創新人員的能力、產學研合作效率、企業內部綜合管理水準、外部宏觀環境的匹配程度等一系列因素要求將越高,研發活動最終失敗的風險急劇提高。而發達國家的企業,通過構建「專利池」、控制行業標準等手段,對競爭對手的技術創新活動設置了重重障礙,通過濫用智慧財產權的行為保護自身利益。在這種情況下,中國企業要轉變為以創新為主要競爭力,將變得更為艱難。從企業發展角度看,留給企業從低價格競爭力模式向創新競爭力模式轉變的時間,其實並不長,而提高技術創新能力的難度很高。隨著中國勞動力結構的變化,勞動力價格將長期處於不斷增長的態勢,同時重要礦產、能源產品對國際市場依存度不斷提高,環境保護要求急劇提高的宏觀形勢,決定了企業將面臨較短時間內失去低價格優勢風險。如果不能在較短時間內,實現動力轉換,企業將面臨大規模破產的風險,這將讓最重要的技術創新作為核心動力的理想目標無從實現。特別需要強調的是,經濟發展方向不一定會一帆風順地沿著結構優化的道路發展下去,如果內部發展出現問題,例如技術進步速

度過慢，就有可能導致經濟速度下降、經濟發輾轉型停滯的狀態，陷入「中等收入陷阱」。

決勝階段的第二個特徵是承上啟下。決勝階段一頭連接著全面建設小康社會的第一個一百年目標，一頭連接著黨的第二個百年奮鬥目標。只有在這一階段努力實現相關目標，才能為下一階段的發展創造堅實的基礎。我們不能簡單地認為提出決勝階段的意義僅僅在於要實現這一階段的發展目標，而應該用更長遠的目光看待這一階段。事實上，在中國社會主義建設進程中，全面實現小康社會的目標，也不過是剛剛踏入高收入國家的門檻。預計到 2020 年中國人均 GDP 將超過 10000 美元，這將基本達到高收入國家的標準。但是應該看到，這一收入水準在全球範圍內還比較低，例如 2015 年全球人均 GDP9996 美元[1]，高於中國同期人均 GDP（7925 美元），而到 2020 年即便中國超過 10000 美元，也僅僅是達到全球人均平均水準，離主要發達國家還有較大差距。要真正達到發達國家的水準，還需要較長時間的努力。從產業結構發展角度看，中國產業結構升級的步伐儘管有所加快，但是離發達國家產業水準還有較大差距。整體來看，要達到發達國家的平均水平，中國還需要幾十年的時間，這基本上就是我們制定的第二個百年的時間。因此，作為承上啟下的全面建設小康社會的決勝階段，在我們整個社會主義建設進程中，具有重要的意義。

---

1 本處及下面各處有關 2015 年全球人均 GDP 資料來源於《中國統計年鑑》（2016 年）。

二、2020—2035：基本實現社會主義現代化

按照十九大報告，在中國全面建成小康社會之後的三十年內，我國的發展要分為兩個階段，其中，第一個階段是 2020 年到 2035 年，要基本實現社會主義現代化。而根據原來設計的「三步走」戰略，中國要到 21 世紀中葉，人均國民生產總值達到中等發達國家水準，人民生活比較富裕，基本實現現代化。兩相比較，十九大其實是將中國三步走戰略的第三步目標提前了 15 年。關於這個階段，主要可以從如下幾個角度描述。

（一）經濟與科技實力大幅躍升，進入創新型國家行列

截至目前，中國經濟規模依然穩居全球第二，和美國尚保持一定的距離。但是，按照前文的分析，中國將在 2030 年之前實現國內生產總值對美國的反超，從而達到全球經濟規模第一，這是一個重要的臺階。這將是時隔許多年後，中國經濟規模再度躍居全球第一。實際上，按照美元合算的國內生產指標，低估了中國的經濟規模，按照購買力評價計算，中國早就超越了美國，而成為世界第一。

而在這一階段，更為重要的變化是，中國在經過十幾年的奮鬥之後，將進入創新型國家行列。所謂的創新型國家，就是實現了創新驅動的國家，達到這一標準，在很大程度上標誌著中國經濟步入新常態後，經濟轉型的目標已經初步達成。中國當前的技術創新，尚未在許多關鍵技術領域取得突破，但是量變引起質變，隨著中國對技術創新的投入和重視程度不斷增加，通過社會主義市場經濟體制中政府對經

濟高效引導和調控作用的發揮，中國技術創新將完全能夠在 2035 年左右的時間取得重大突破，在技術創新領域打破技術先進國家和追隨國家之間的巨大壁壘，而進入創新型國家。技術創新在經濟發展中的貢獻度不斷提高，中國將成為全球重要的科技中心，中國智造的名聲在全球將更加響亮。

（二）國家治理體系和治理能力現代化基本實現

國家治理體系和治理能力現代化是在 2013 年 11 月黨的十八屆三中全會中提出的目標。這一目標所包含的內容極為廣泛，據統計，在十八屆三中全會的決定中，圍繞此問題，提出了 60 多條、300 多項舉措，這既能反映黨中央對此問題的重視，切實採取措施推進相關改革，從另一方面也反映了這一問題所涉及的範圍極其廣泛。按照十九大報告，到 2035 年中國實現國家治理體系和治理能力現代化的目標，具體來說，包括「人民平等參與、平等發展權利得到充分保障，法治國家、法治政府、法治社會基本建成，各方面制度更加完善」。

人民平等參與、平等發展的權利是體現國家治理的人民主體性的最重要表現，只有人民廣泛地、彼此平等地參與，才能真正推動國家治理是為人民服務的基本宗旨，保證國家治理建設過程中，體現人民利益。同時，國家治理體系和治理能力的現代化，在一定程度上是為了實現人民平等發展的權利，國家治理體系不斷完善的進程，也就是糾正與此不一致的問題。

全面依法治國是國家治理的一場深刻的革命，其推進程度在很大程度上決定了國家治理體系和治理能力現代化的目標能否達成。到

目標

2035 年前後，中國將基本建成法治國家、法治政府和法治社會，全面依法治國的局面將初步形成。

（三）國家軟實力顯著增強

到 2035 年，中國文化建設和影響力將取得重大成就。一個國家文化的發展成就與這個國家發達程度、民族自信心與創造力、國際影響力都有緊密關係，而隨著中華民族偉大復興的到來，在中國特色社會主義道路不斷發展的基礎上，具有鮮明的中國特色、體現社會主義特點、融合了傳統文化的新型中國文化將不斷發展，而且文化的國際影響力不斷增強，並通過電視、電影、書籍及學術等途徑，不斷影響全球，並打破以美國為首的資本主義文化在全球範圍位居「主流」的局面。同時，通過中國經濟實力及影響力的持續增強，文化的影響力將與其形成協同增進效應，全球文化中的中國元素將持續增強。

（四）人民生活將更加幸福

十九大報告提出，到 2035 年要實現「人民生活更為寬裕，中等收入群體比例明顯提高，城鄉區域發展差距和居民生活水準差距顯著縮小，基本公共服務均等化基本實現，全體人民共同富裕邁出堅實步伐」。具體來說，對人民生活更加幸福的相關目標，從 4 方面進行了規定。

一是人民生活水準更加寬裕。這將主要體現為人民生活水準的進步，其中最為體現這一問題的指標就是人民收入水準的增加。到 2035

年，中國將基本達到中等發達國家收入水準，到那時候，人們的收入水準很可能將以比國內生產總值更高的速度提高。這主要是因為改革開放過去三十多年的時間內，中國人均收入的增加速度在多數年份低於國內生產總值，而在最近幾年，人均收入的增加速度明顯提升，高於同期國內生產總值的速度，這一趨勢很可能將在未來繼續保持。這就意味著，到 2035 年，人民收入的增加將十分顯著，人民的生活水準也將持續提高。而從供給的角度看，供給側改革將在此之前取得重大成效，人們能夠購買的商品、服務將會種類大增、個性化供給特徵明顯提升，滿足人們需要的程度也將有質的提升，這也會大大促進人們生活水準的進步。

二是從收入分配的角度看，收入分配更加均等，高收入群體和低收入群體比重將明顯降低。根據國家經驗，一個橄欖型的收入分配結構是經濟富裕、分配相對合理的結構。到 2035 年，隨著中國縮小貧富差距、實現共同富裕的相關措施的推動，中國將大幅提高中等收入群體，而收入很高和收入很低的群體將大為減少，整個社會的貧富差距將降低到合理程度。

三是城鄉區域發展差距顯著縮小。在改革開放之後的 40 多年時間內，中國城鄉區域發展的差距曾經一度拉開較大距離，而在最近幾年這一差距開始呈現較為明顯的縮小趨勢。但從絕對水準看，這一差距依然十分顯著。隨著新時代中國特色社會主義建設的不斷推進，這一問題將在 2035 年得到明顯有效的控制，到那時，雖然城鄉區域發展的差距無法做到完全消失，但是其差距也會大幅縮小。

四是基本公共服務均等化基本實現。從現實經驗看，城鄉區域差距與基本公共服務的非均等化存在明顯正相關關係，即在城鄉區域差

距較大時，基本公共服務非均等化問題也就越突出。隨著城鄉區域發展差距的縮小，基本公共服務均等化的目標也將基本實現。

三、2035—本世紀中葉：建成富強民主文明和諧美麗的社會主義現代化強國

到 2050 年前後，也就是本世紀中葉，中國將建成富強民主文明和諧美麗的社會主義現代化強國，「中國物質文明、政治文明、精神文明、社會文明、生態文明將全面提升，實現國家治理體系和治理能力現代化，成為綜合國力和國際影響力領先的國家，全體人民共同富裕基本實現，中國人民將享有更加幸福安康的生活，中華民族將以更加昂揚的姿態屹立於世界民族之林」。這一目標，其實就是標誌著中華民族偉大復興目標的實現。

（一）經濟和技術發展達到新高度

到本世紀中葉，中國國家富強將達到新的高度。一是經濟將達到從未有過的發展水準。在此時，中國不僅在經濟規模上持續佔據全球第一，在人均國內生產總值方面也將取得重要突破。在這裡，我們做一個簡單預測，按照 2017 年到 2049 年中國人均國內生產總值預計在 5% 左右，這時因為儘管我們近期國內生產總值增長率的目標是 6.5%，但是隨著中國經濟繼續發展，經濟增長速度將繼續下降，在超過 30 年的時間跨度內，經濟增長率很可能從目前的中高速降到中速，有的專家甚至預計中國在新常態的增速可能在 4.5% 左右，我

們在這裡取一個相對折中數字 5%，即便這一數字，用 30 年的目光來看，也是很高的數字。由於中國人口總量在這期間的增長率很低，或者會陷入較低速度的負增長，但是整體變動比例很低，在此忽略不計。而按照每年人均國內生產總值增長 5% 計算，則中國到 2049 年將達到 45000 美元左右（2016 年中國人均 GDP 為 8100 美元左右）。而美國 2015 年人均國內生產總值為 55837 美元，按照每年 2.5% 的較高速度計算，到 2049 年其人均國內生產總值將達到 130000 美元左右，仍然是我國的 2.9 倍左右；而如果按照每年 2% 的中等增長速度看，到 2049 年其人均國內生產總值為 110000 美元左右，是中國的 2.4 倍。但是，需要考慮到另一個重要因素，即在一個國家持續發展、綜合國力不斷增強的進程中，其貨幣的匯率將不斷升高。據統計，在二戰結束不久的 1949 年，日元匯率是 360 日元兌換 1 美元，而隨著日本經濟的持續發展，匯率不斷攀升，到 1995 年曾經一度達到 80 日元兌換 1 美元，而到現在則是 110 日元左右兌換 1 美元。照此推算，如果中國經濟持續以較高速度推進，則匯率也將有較大的升值空間，在此因素推動下，中國到本世紀中葉，人均國內生產總值完全可能達到甚至超過美國的水準，從而達到發達國家的先進水準。

　　二是創新型國家建設將達到新的高度。在基本實現現代化的基礎上，中國創新型國家的建設將在這一時期達到前所未有的高度。這一時期，中國在技術創新方面有望實現全面的領先，在多數技術創新領域都處於世界先進水準。當然，由於各國分工的不同，中國不可能在所有技術上都獲得領先地位，但是整體來說，在各個領域、各個環節中國的技術創新都處於領先水準，徹底擺脫了技術落後的局面，實現了技術的全面現代化。

（二）人民生活水準更加幸福安康

在這一階段，人民的生活水準將在基本現代化基礎上更上一層樓，達到更高水準，物質生活水準達到發達國家的較高水準，精神文化生活大大豐富，社會保障水準大幅提升，人們的幸福指數將達到前所未有的水準。

從人民的收入情況看，在2035年基礎上，收入水準進一步提高，分配結構更加合理，貧富差距將進一步縮小，全國人民共同富裕基本實現。從世界各國的發展經驗看，人均收入一直存在又患寡又患不均，收入水準和分配的狀況較難協調的問題，而在這一階段，中國將徹底解決這一難題，真正實現收入高、分配公平的狀態，充分體現了社會主義的優越性，進一步凸顯了對資本主義國家的優勢。在城鄉區域差別方面，在2035年基礎上，全國區域發展之間不平衡的局面將進一步縮小，城鄉差距將逐步完全消失，農村的教育、文化、養老、醫療等各方面的公共服務和社會保障將與城市持平。在此基礎上，原來由於收入低及貧富差距大而產生的一系列問題，將迎刃而解，消於無形，人們的幸福指數將大幅增加，整個社會更加和諧。

從精神文化生活情況看，隨著經濟發展，政府在各項文化建設的投入將不斷提高，文化基礎設施水準不斷提升，各項文化服務將呈現更加個性化、深度化、豐富化的趨勢，人們的各項精神文化需求將得到更大的滿足。從精神文化生活的品質看，人們的各項文化娛樂將更加健康，整個民族將呈現出積極向上的精神狀態，而這一狀態將大幅提升人們的幸福感，並有利於人們工作積極性的增加，對社會主義建設大有裨益。

從社會保障的情況看，這一時期，中國的社會保障水準將得到全面提升，達到發達國家的較高水準，人們在醫療、就業、養老等一系列方面享受到高水準的保障，從而減弱了人們的後顧之憂。人們在主觀上將感覺更加幸福，生活更有保障，在客觀上，這將有利於人們增加消費，從而對經濟增長品質的提升創造良好的基礎，徹底擺脫經濟增長對出口和投資的依賴。

（三）國家治理體系和治理能力現代化全面實現

伴隨著這一時期中國在政治文明、經濟文明等方面達到的新高度，社會主義各項制度更加完善，中國國家治理體系和治理能力將在2035年基礎上，全面實現現代化。在這時候，社會主義相關的政治制度、經濟制度、文化制度等方面的制度將日臻成熟，各政府部門治理能力不斷提升，黨對社會主義建設的領導作用更加凸顯。屆時，中國的各項制度，包括人民代表大會制度、政治協商制度等政治制度，以國有經濟為主體、多種所有制共同發展的經濟制度，其優勢將進一步得到發揮和顯示。

（四）生態文明建設取得全面進步

按照十九大報告，到2035年要實現「生態環境根本好轉，美麗中國目標基本實現」的目標，在這種情況下，中國生態文明建設將取得巨大進步，在經濟發展進程中出現的各種環境污染、生態問題將得到根本性扭轉，初步實現山清水秀的美麗中國，使人們的生活環境品質

得到明顯提升。而到本世紀中葉，中國的生態文明建設將進一步提升，不僅在環境污染的治理方面取得更加突出的成就，在生態建設的其他方面也將取得全面突破，如在森林覆蓋率、沙漠化治理等指標方面實現歷史性突破，使整個國家生態環境更加優化，人們將在更優美的環境下生活。另一方面，與生態文明相關的產業和技術將大幅進步，例如各種清潔能源將普及到一個較高水準，日常生活用品的環保技術將得到大幅應用，各種環保產業有望成為支撐中國發展的重要支柱性產業。

（五）國際影響力大幅提升

在這一階段，隨著綜合國力的持續提高，中國的國際影響力也將迅速提升，成為國際多極化格局中的重要一極。預計到 2050 年，中國的影響力將迅速增加，在經濟、政治、文化等各方面引領全球，中國的崛起將成為無法阻擋的趨勢，中國經濟的發展模式，特別是社會主義制度有可能在此期間成為發展中國家實現現代化的一種選擇。在國家合作方面，中國的話語權將不斷增加，西方發達國家有可能會激烈對抗，但是最終卻無法改變中國影響力不斷增加的趨勢。由於中國秉持構建「利益共同體」和「人類命運共同體」的理念，在國際合作中真正貫徹公平、公正的原則，因而將會得到絕大多數發展中國家的擁護。

第四章

中華民族偉大復興的實現路徑

關於中華民族偉大復興的實現路徑，習近平總書記指出：「實現中國夢必須走中國道路、弘揚中國精神、凝聚中國力量。」本章將本著這一分析框架，對實現中華民族偉大復興的路徑進行分析。當然，在這裡，我們要強調，中國共產黨的領導是實現中華民族偉大復興的根本保證。

第一節　中華民族偉大復興必須走中國道路

十八大報告指出，「中國特色社會主義道路，就是在中國共產黨領導下，立足基本國情，以經濟建設為中心，堅持四項基本原則，堅

持改革開放，解放和發展社會生產力，建設社會主義市場經濟、社會主義民主政治、社會主義先進文化、社會主義和諧社會、社會主義生態文明，促進人的全面發展，逐步實現全體人民共同富裕，建設富強民主文明和諧的社會主義現代化國家。」中華民族的偉大復興歷程是一個跨越 170 多年、歷經曲折的進程，這一進程最終證明：實現中華民族偉大復興的中國夢，必須要在中國共產黨領導下；走中國特色社會主義道路，才能真正實現中華民族的偉大復興。我們要珍惜這來之不易的成果，而不能走封閉僵化的老路，更不能走以西方新自由主義為代表的邪路，否則我們無法實現中華民族偉大復興的目標。

一、中國特色社會主義道路是通往民族復興的康莊大道

中國特色社會主義道路是中華民族偉大復興的中國夢實現的保證，它不僅是改革開放 40 多年的歷程探索出來的，更是在新中國建設 70 年的歷程和鴉片戰爭之後中華民族復興 170 多年的探索中總結出來的。在這裡，我們按照社會主義市場機制的發展進程，來探索中國特色社會主義道路的形成歷程，來證明這一道路是通往中華民族偉大復興的康莊大道。

（一）社會主義市場經濟起步階段（1978—1984 年）

改革開放以來，經濟體制改革的基本趨勢表現為政府管制範圍不斷縮小，國有企業改革不斷深入及民營企業發展條件不斷放鬆。具體來說，包括如下幾個過程。

　　1978 年以前，中國經濟體系表現為高度計劃經濟體系，政府—市場關係中，政府管制的作用遍及經濟體系的各個角落，市場機制的作用基本忽略。改革開放初期，肯定市場經濟作用的觀點開始在部分領導人和經濟學家中形成，在十一屆六中全會通過的《關於建國以來黨的若干歷史問題的決議》中，明確提出「必須在公有制基礎上實行計劃經濟，同時發揮市場調節的輔助作用」；1982 年 9 月，黨的十二大報告中提出了「計劃經濟為主，市場經濟為輔」的原則，提出「允許對於部分產品的生產和流通不作計畫，由市場來調節……這一部分是有計劃生產和流通的補充，是從屬的、次要的，但又是必要的、有益的」，並提出「堅持國營經濟的主導地位和發展多種經濟形式」，提出允許個體經濟發展。在實踐領域，開啟了中國政府—市場關係調整步伐的是農村地區的家庭聯產承包責任制 [1]。1978 年安徽省鳳陽縣小崗村的 18 戶村民，率先訂立「大包幹」合同，創立了家庭聯產承包責任制，拉開了農村經濟改革和中國改革開放的序幕 [2]。家庭聯產承包責任制對農村經濟具有強大的推動力，在實施了「大包幹」僅僅 1 年之後，1979 年小崗村全年糧食產量達到 1966—1970 年 5 年產量之和 [3]。從中國宏觀資料看，1978 年中國糧食產量為 40730.5 萬噸，到 1984 年提

---

1 在研究政府—市場關係的文章中，很少有研究將農村經濟改革納入研究範疇。其實，在改革開放以前，中國的農村經濟制度本身也是計劃經濟體制的一部分，農村經濟制度改革本身也是政府—市場關係調整的一個組成部分。

2 吳江、張豔麗：〈家庭聯產承包責任制研究 30 年回顧〉，《經濟理論與經濟管理》2008 年第 11 期。

3 數據來源於柴俊傑：〈改革開放 30 年：山西農村「大包幹」（1）〉，《山西農民報》2008 年 8 月 13 日。

高到 40730.5 萬噸,提高了 33.6%,其中稻穀、小麥、玉米分別提高 30.2%、63.1%、31.2%,同期農業增加值的提高幅度達到 58.7%。從不同年份的情況來看,家庭聯產承包責任大規模推廣之後的 1982 年,糧食產量和農業增加值的增長幅度明顯提高。隨著家庭聯產承包責任制對提高農業生產力的作用的顯現,這一制度迅速在農村推廣,到 1984 年 98% 的生產隊實施了家庭聯產承包責任制,人民公社體制徹底解體[1]。

表 4-1　1978-1984 年中國糧食產量及農業增加值情況

	糧食產量（萬噸）	稻穀產量（萬噸）	小麥產量（萬噸）	玉米產量（萬噸）	農業增加值（億元）	增加值增長率
1978	30476.5	13693.0	5384.0	5594.5	1018.4	4.1%
1979	33211.5	14375.0	6273.0	6003.5	1258.9	6.1%
1980	32055.5	13990.5	5520.5	6260.0	1359.4	-1.5%
1981	32502.0	14395.5	5964.0	5920.5	1545.6	7.0%
1982	35450.0	16159.5	6847.0	6056.0	1761.6	11.5%
1983	38727.5	16886.5	8139.0	6820.5	1960.8	8.3%
1984	40730.5	17825.5	8781.5	7341.0	2295.5	12.9%

資料來源:《中國統計年鑑》(2001 年)。

　　家庭聯產承包責任制關於農村聯產承包責任制下出現的「包產到戶」和「包幹到戶」的性質問題,一直存在爭議。一部分學者認為「包

---

1 陳春華:〈中國特色轉軌道路的理性選擇〉,《經濟體制改革》2008 年第 6 期。

產到戶」和「包幹到戶」屬於在集體土地所有制不變前提下的合作經濟，但是一些學者認為，「包產到戶」和「包幹到戶」屬於農村所有制形式的變革，已經突破了原有的所有制框架，出現了混合所有制的雛形[1]。但是，無論如何，家庭聯產承包責任的推廣，表明政府管制開始減弱，市場經濟發展空間開始孕育。

國有企業在這一階段的改革方向主要體現為「放權讓利」。1979年年初，國家選取北京、天津、上海等地區的 8 家企業作為擴大自主經營權即「放權讓利」的試點企業，激發了企業的積極性，並在 1980年迅速將試點企業擴大到 6000 餘家；1983 年實行了明確國家和企業之間利益關係的「利改稅」政策。[2] 這一時期國有企業的改革，主要是在計劃經濟體制的框架之內，通過擴大經營自主權、提高利潤留成等經營體制的改革，激發國有企業的自主性和發展積極性，而企業所有制關係、隸屬關係等尚未發生變革。[3]

（二）社會主義市場經濟全面展開階段（1984—1992 年）

1984 年到 1992 年是中國社會主義市場經濟全面展開階段，在這一階段，政府和市場之間的關係進一步調整。1984 年 10 月，中共中

---

1 主張後一種觀點的學者以董輔礽為代表，詳見吳江、張豔麗：〈家庭聯產承包責任制研究 30 年回顧〉，《經濟理論與經濟管理》2008 年第 11 期。

2 以上資料來自葉琪：〈新中國成立 60 年來我國國有企業改革的歷程與成效〉，《經濟研究參考》2009 年第 67 期。

3 王金勝、陳明：〈我國國有企業改革、歷程、思路與展望〉，《華東經濟管理》2008 年第 8 期。

央十二屆六中全會通過的《中共中央關於經濟體制改革的決定》中提出「有計劃的商品經濟」，第一次將商品經濟納入社會主義經濟運行的框架之內，而不是如同以前的僅僅是經濟運行框架之外的「有益補充」，實現了計畫和市場關係上的重大突破。[1]1987 年 10 月，黨的十三大報告中提出「社會主義有計劃商品經濟的體制，應該是計畫與市場內在統一的體制」，並將政府和市場的關係歸結為「新的經濟運行機制，總體上來說應當是國家調節市場，市場引導企業的機制」，進一步提升了市場體制的地位，其地位已經與政府作用旗鼓相當。[2]1992 年鄧小平同志的南方談話，針對社會主義經濟發展過程中計畫和市場的關係，指出「計畫多一點還是市場多一點，不是社會主義與資本主義的本質區別」「計畫和市場都是經濟手段」。這樣的提法實際上從根本上將社會主義性質和計畫與市場的比例予以區分，為社會主義市場經濟的樹立奠定了基礎。

　　這一時期的國有企業改革主要內容體現為承包制改革。在中共中央十二屆六中全會《中共中央關於經濟體制改革的決定》中，提出國有企業應實行政企分開，並向市場主體轉變。從 1987 年開始，承包制在工業企業內展開，經過兩輪承包制之後，到 1992 年，98% 左右的企

1　中國社會科學院經濟體制改革　30 年研究課題組：〈論中國特色經濟體制改革道路（上）〉，《經濟研究》2008 年第 9 期。

2　以上材料參考了周忠麗、湯建奎：〈中國經濟體制改革的歷程與基本經驗〉，《中共山西省直機關黨校學報》2014 年第 5 期；中國社會科學院經濟體制改革 30 年研究課題組：〈論中國特色經濟體制改革道路（上）〉，《經濟研究》2008 年第 9 期。

業經過承包制改革。[1] 同時，中共十三大報告中肯定了股份制的組織形式，股份制改造在國有企業內開始試點，到 1988 年，全國 3800 家股份制企業中，大約有 800 家是由國有企業改造而來。[2] 可以看出，這一階段內股份制改造在國有企業影響範圍較小，改革的主導方向是承包制而非股份制。

（三）社會主義市場經濟初步建立階段（1992—2002 年）

1992 年到 2002 年的 10 年間，是中國社會主義市場經濟從提出到初步建立的階段。1992 年 10 月召開的中共十四大提出要建立社會主義市場經濟體制，第一次提出要發揮市場在資源配置中的基礎性作用。1997 年召開的中共十五大則提出要堅持公有制為主體、多種所有制共同發展的基本經濟制度，第一次將非公有制經濟納入社會主義經濟體制，並提出了「所有制不能等同於所有制形式」的重要結論，為多種形式的公有制發展指明了方向，股份制進入公有制企業改革的範疇。整體而言，在這一時間段內，政府—市場關係確定為國家宏觀調控為指導，市場調節為基礎，市場體制不斷發展。[3] 股份制改造和建立現代企業制度是這一時期國有企業改革的主要方向。中共十五大報告提

---

1 王金勝、陳明：〈我國國有企業改革、歷程、思路與展望〉，《華東經濟管理》
   2008 年第 8 期。

2 葉琪：〈新中國成立 60 年來我國國有企業改革的歷程與成效〉，《經濟研究參考》
   2009 年第 67 期。

3 此處內容參考楊志平：〈中國市場經濟體制變革的理論與實踐〉，東北財經大學博
   士論文，2012 年 6 月；中國社會科學院經濟體制改革 30 年研究課題組：〈論中國
   特色經濟體制改革道路（上）〉，《經濟研究》2008 年第 9 期。

出，建立「產權清晰、權責明確、政企分開、管理科學」現代企業制度是國有企業的發展方向，並指出「股份制是現代企業的一種資本組織形式」，並要求國有企業改革要同以「抓大放小」為方向的資產重組、技術改造、創新機制、領導體制等結合起來。這一階段，國有企業改革多方舉措齊頭並進。各級政府選取了大約 1000 家國有企業作為建立現代企業制度的試點單位，形成一批股份有限公司、有限責任公司及國有獨資公司，並通過兼併重組組建了一批大型企業集團[1]。同時，還有一批國有企業改革進行了出售、管理層收購（即 MBO）等股權改革形式，造成了國有資產流失現象，最終導致了 2004 年關於國企改革的討論。[2] 整體來看，這段時間的國有企業改革，讓大量的競爭性領域的國有小企業退出了相關領域，這為非公有制企業在這些領域的發展創造了條件。

（四）社會主義市場經濟完善階段（2002 年至今）

2002 年至今，是社會主義市場經濟完善的階段。2002 年中共十六大報告中，宣佈「社會主義市場經濟已經初步建立」，並提出包括「社會主義民主更加完善，社會主義法制更加完備」「形成比較完善的現代國民教育體系、科技和文化創新體系」以及「可持續發展能力不斷增強，生態環境得到改善」等目標在內的全面建設小康社會指標體系，

---

1 楊志平：〈中國市場經濟體制變革的理論與實踐〉，東北財經大學博士論文，2012 年 6 月。

2 王金勝、陳明：〈我國國有企業改革、歷程、思路與展望〉，《華東經濟管理》2008 年第 8 期。

同時，提出健全現代市場體系、鼓勵非公有制發展等對市場完善有利的措施。從十六大開始，政府職能的提升與市場體制的完善開始共同成為政府─市場關係調整的重點。2007 年，中共十七大報告中，進一步從經濟發展、民主法制、文化建設、社會事業、生態文明 5 個角度定義了全面建設小康社會的目標體系，實質上對政府治理能力提出了要求。

國有企業改革方面，中共十六大提出建立「中央政府和地方政府分別代表國家履行出資人職責」的國有資產管理體制，要求「中央政府和省、市（地）兩級地方政府設立國有資產管理機構」。國資委也正式於 2003 年 3 月成立。國資委的成立解決了國有企業歸口管理問題，實現了政府公共管理職能和出資人角色的分離問題，在較短時間內解決了國有企業管理混亂的問題，將國有企業的增值保值作為主要管理目標。在國資委的管理之下，國有企業迅速向重點行業發展，規模迅速擴張，在相關行業的影響力不斷提高。

通過以上可以看出，中國特色社會主義道路發展的歷程，與中國經濟、社會、文化的成效具有高度的同步性，這就在直觀上證明了，正是中國特色社會主義道路支撐著中國各方面的發展，我們現在所取得的成就，就是因為堅持這個道路。

二、我們必須要堅持中國特色社會主義道路

堅持中國特色社會主義道路，必須從如下幾個工作做起。

目標

（一）要防止兩個錯誤的道路

我們必須要堅持走中國特色社會主義道路，必須要防止兩個錯誤的道路。一方面，一定要避免走封閉僵化的道路。儘管在新中國成立之後，我們在計劃經濟時代也取得了一系列的建設成就，如初步建立了較為完整的工業體系，但是整體來說，由於整個體制較為僵化封閉，無法發揮出全部的潛能，因而無法取得中國特色社會主義道路下更多的建設成就。

另一方面，我們要堅決防止改旗易幟的邪路。在當前階段，新自由主義思想對國內依然具有較強的影響力，並如影隨形地伴隨著我們的改革進程。在經濟發展較快的時候，由於經濟表現好，社會主義市場經濟體制的優越性表現突出，因而這時候新自由主義的市場相對較小，其影響力較低；一旦經濟步入低速，在各方尋求對策時，新自由主義的輿論便高漲起來，且由於新自由主義作為一個理論體系，具有相當的迷惑性，因而往往能迷惑住相當一部分人。新自由主義最大的危害在於，它暗含的主張便是徹底走西方資本主義道路，如果完全采納其主張，那便是「改旗易幟」。實際上，無論是蘇聯解體還是東歐劇變的經驗都表明，改旗易幟的改革其實是死路一條，目前的俄羅斯東歐的絕大多數國家，經濟不但沒有實現快速發展，反而陷入大踏步退步，人民生活水準大幅下降，直到現在部分國家尚未完全從其中恢復過來。中國自鴉片戰爭 170 多年的經驗也表明，只有在中國特色社會主義道路下，中國才能實現快速發展，我們要好好珍惜這樣的局面，實現經濟、社會、文化各方面建設的快速進步，而不能走上讓國家陷入極度危險困境的邪路。

（二）堅持公有制為主體

中國特色社會主義道路在經濟方面的重要特徵便是公有制為主體。習近平總書記指出，要堅持公有制主體地位不能動搖，國有經濟主導作用不能動搖，這是保證中國各族人民共用發展成果的制度性保證，也是鞏固黨的執政地位、堅持中國社會主義制度的重要保證。[1] 在這方面，最重要的是保證國有經濟的主導地位。

實際上，經過多年的國有企業改革，中國國有企業整體實力大幅增加。在 20 世紀 90 年代國企改革之前，大量國有企業集中在競爭性領域，經營效率的低下導致國有企業大面積虧損，國有企業成為競爭力弱、需要政府不斷救助的對象。通過「抓大放小」、從競爭性領域退出等措施，國有企業發生了很大變化，主要表現在企業數量、分布面大大縮小，但是其平均規模、行業影響力及競爭力大幅提升，已經擺脫了需要救助的弱勢角色。以國有工業企業為例，1998 年國有及國有控股工業企業數量為 64737 個，而 2013 年為 18197 個，減少了71.9%。但是，在企業數量大幅降低的情況下，企業經營指標卻迅速提升，1998 年國有及國有控股工業企業資產總計為 74916.27 億元，而 2013 年則迅速上升為 342689.19 億元，名義增長率高達 357.4%；主營業務稅金及附加從 993.53 億元提高到 10772.20 億元，名義增長率為 984.2%；利潤總額從 525.14 億元提高到 15194.05 億元，名義增長率高達 2793.3%。而從總資產貢獻率和工業成本費用利潤率等相對指標來看，分別從 2000 年的 8.43%、6.15% 提高到 2013 年的

---

1 〈習近平：公有制主體地位不能動搖〉，《京華時報》2015 年 11 月 25 日第 1 版。

11.93% 和 6.46%。可以看出，在國有企業改革之後，國有企業數量大幅下降，但是經營業績大幅提高。

從國有企業競爭力角度看，國有企業進步明顯，已與以前有著顛覆性變化。以最有代表性的中央企業為例，目前中國央企數量為 112 家，2014 年公佈的《財富》500 強中，中國有 100 家企業入圍，而中央企業有 47 家入圍，比重高達 47%，如果考慮到中國工商銀行等幾家國有控股股份制金融企業，則國有及國有控股比重更高。從企業影響力而言，中央企業基本處於國民經濟的命脈行業和關鍵領域，且佔據本行業的龍頭地位。

當前中國國有企業改革內容主要包括兩個：一個是混合所有制，一個是加強國有企業黨組織建設。整體來看，這兩個改革都有利於增加國有企業對經濟的主導作用。

一方面，混合所有制的推進，正如黨的十八屆三中全會在《中共中央關於全面深化改革若干重大問題的決定》中所指出的「有利於國有資本放大功能、保值增值、提高競爭力，有利於各種所有制資本取長補短、相互促進、共同發展」。歸納起來，混合所有制有幾個突出優點：第一，可以以更少的國有資本控制更多的資源，強化國有經濟的控制作用。對關係到國家安全、國民經濟命脈的重要行業與關鍵領域和承擔重大專項任務的商業類國有企業以及部分採用絕對控股的競爭商業類國有企業而言，混合所有制雖然稀釋了國有控股的比例，但是非國有資本只能處於參股地位，國有資本依然保持控股地位，與以前相比，同樣的國有資本控制的資源更多。這就意味著混合所有制改革不但不會弱化國有經濟體系，反而會強化它。第二，可以吸收不同所有制的優點，提高競爭力。不同所有制制度具有其不同的優缺點，

如國有資本的優點便是國家可以控制，在必要時可以為了國家利益犧牲企業利益，並要承擔大量的社會責任；其缺點便是經營效率相對較低。而私有資本的優點是利益約束機制更強，運營效率更高，其缺點是難以調控，微觀上的理性行為可能導致宏觀上的非理性結果，對宏觀經濟體系造成損害等。混合所有制，如果在機制上設計合理，就有可能將不同所有制的優點融合起來，並限制彼此的缺點，從而達到運營效率的提高，最終提升企業競爭力。第三，有利於企業自我發展意識提升，適應新常態下國有企業新的發展定位。混合所有制改革，將在一定程度上減弱傳統國有企業體制下，國有企業發展僅僅著重保值增值的問題，有利於在企業內部樹立真正的自我發展意識，促進企業自我發展。在經濟新常態下，一方面將促使企業更加重視內部經營問題，提高生產和服務效率，另一方面會減少國有企業「為創新而創新」的問題，真正提高創新效率。第四，有利於構建更緊密的企業聯合體，在一定程度上提升產業鏈競爭力。通過混合所有制下的交叉持股，能夠增強國有企業與非國有企業的經濟聯繫，有利於企業之間建立聯繫緊密的聯合體，如果企業在相關產業鏈內，則有利於產業鏈競爭力提升。

而加強國有企業黨組織的建設，對於增進國有企業的主導作用具有重要的意義。首先，加強黨組織建設，有利於強化國有企業社會主義價值功能，保證深化國有企業改革的方向，體現國有企業的公益性特徵。這將有利於國有企業成為黨和國家最可信賴的依靠力量，成為堅決貫徹執行黨中央決策部署的重要力量，成為貫徹新發展理念、全面深化改革的重要力量，成為「走出去」、「一帶一路」建設的重要力量，成為壯大綜合國力、促進經濟社會發展、保障和改善民生的重

要力量，成為我們黨贏得具有許多新的歷史特點的偉大鬥爭勝利的重要力量[1]。其次，有利於完善國有企業治理體制，創新中國特色社會主義國有企業治理結構。習近平總書記指出，堅持黨對國有企業的領導是重大政治原則，必須一以貫之；建立現代企業制度是國有企業改革的方向，也必須一以貫之。中國特色現代國有企業制度，「特」就特在把黨的領導融入公司治理各環節，把企業黨組織內嵌到公司治理結構之中，明確和落實黨組織在公司法人治理結構中的法定地位[2]。而通過加強國有企業黨組織建設，將有利於「明確黨組織在決策、執行、監督各環節的權責和工作方式，使黨組織發揮作用組織化、制度化、具體化」[3]「處理好黨組織和其他治理主體的關係，明確權責邊界，做到無縫銜接，形成各司其職、各負其責、協調運轉、有效制衡的公司治理機制」[4]，而這無疑將成為中國特色社會主義國有企業治理結構最重要的支撐。最後，加強國有企業黨組織建設，有利於強化國有企業監管，推動國企改革目標的實現。加強國有企業監管是國有企業改革的重要內容。只有加強監管，才能防止國有資產為內部人所控制，確保國有企業的運營維持在正確的軌道，保證其正常功能的發揮；才能防止各種腐敗行為，維護相關的財經紀律，確保國有資產不流失。習近平總書記在第十八屆中央紀律檢查委員會第五次全體會議上指出，要著力完善國有企業監管制度，加強黨對國有企業的領導，加強對國

---

1 〈習近平在全國國有企業黨的建設工作會議上強調：堅持黨對國企的領導不動搖〉，http：//news.xinhuanet.com/2016-10/11/c_1119697415.htm，2016 年 10 月 11 日。
2 同上。
3 同上。
4 同上。

企領導班子的監督，搞好對國企的巡視，加大審計監督力度；強化對權力集中、資金密集、資源富集的部門和崗位的監管。[1] 而要完善監管，就需要「國有企業黨組織發揮領導核心和政治核心作用，歸結到一點，就是把方向、管大局、保落實」[2]。加強黨基層組織建設，將有力推進監管力度的提升。

（三）堅持社會主義政治制度

要實現中華民族偉大復興，就必須堅持社會主義政治制度。對此，十九大報告中提出，「堅持和完善人民代表大會制度、中國共產黨領導的多黨合作和政治協商制度、民族區域自治制度、基層群眾自治制度，鞏固和發展最廣泛的愛國統一戰線，發展社會主義協商民主，健全民主制度，豐富民主形式，拓寬民主管道，保證人民當家作主落實到國家政治生活和社會生活之中」。具體來說，包括如下幾方面。

一是要堅持和完善人民代表大會制度。人民代表大會制度是人民當家作主的根本途徑和最高實現形式，也是堅持黨的領導、人民當家作主和依法治國有機統一的根本性制度保障。人民代表大會制度是在中國共產黨領導下經過長期的實踐探索而確立的具有中國特色的政治制度安排，新中國成立 70 年特別是改革開放 40 多年來的實踐表明，

---

1 〈習近平：搞好對國企的巡視　加大審計監督力度〉，http：//politics.people.com. cn/n/2015/0114/c1024-26381689.html，2015 年 1 月 14 日。

2 〈習近平在全國國有企業黨的建設工作會議上強調：堅持黨對國企的領導不動搖〉，http：//news.xinhuanet.com/2016-10/11/c_1119697415.htm，2016 年 10 月 11 日。

人民代表大會制度是實現中華民族偉大復興的好制度,我們必須要堅持和完善這一制度。今後,按照十九大的要求,應積極發揮人大及其常委會在立法方面的主導作用,通過健全人大組織和工作制度,更好發揮人大依法行使立法權、監督權、決定權和任免權等方面的權利,同時應更好發揮人大代表的作用,使各級人大及其常委會成為密切聯繫群眾的機關。

二是發揮協商民主的作用。協商民主是實現黨的領導的重要方式,也是中國民主制度的特有形式和獨特優勢。協商民主的形式比較多樣,包括政黨協商、人大協商、政府協商、政協協商、人民團體協商、基層協商及社會組織協商等。中國的協商民主制度中最為突出的體制是中國人民政治協商會議,它是在中國共產黨領導下的多黨合作和政治協商的重要機構,也是社會主義協商民主的重要管道和專門協商機構。這一機構自成立以來,就在社會主義建設中發揮了重要作用,對維護人民利益、保證團結局面發揮了重要作用。今後,按照十九大要求,應圍繞團結和民主這兩大主題,繼續完善協商議政的內容和形式,不斷增進共識、促進團結,使協商民主貫穿政治協商、民主監督和參政議政的全過程,同時要加強人民政協對黨和國家重大方針政策和決策部署的貫徹落實方面的監督職能。

三是深化依法治國的實踐。全面依法治國,作為「四個全面」的組成部分,是國家治理的一場深刻革命。其實,依法治國早在十八大之前就提出過,2014 年 10 月黨的十八屆四中全會通過《中共中央關於全面推進依法治國若干重大問題的決定》,提出全面依法治國的概念,將依法治國進一步提升,提出了要「形成完備的法律規範體系、高效的法治實施體系、嚴密的法治監督體系、有力的法治保障體系,

形成完善的黨內法規體系，堅持依法治國、依法執政、依法行政共同推進，堅持法治國家、法治政府、法治社會一體建設，實現科學立法、嚴格執法、公正司法、全民守法，促進國家治理體系和治理能力現代化」。在十九大報告中，提出了「推進科學立法、嚴格執法、公正司法、全面守法」的要求。具體來說，應做好如下幾方面工作：一是要加強統一指揮工作，成立中央全面依法治國領導小組，統一負責相關工作的領導。全面依法治國是一個涉及面廣、牽涉部門多、工作較為繁雜的工作，要真正貫徹好，就必須建立一個由高層領導人直接負責的指揮組織，來統一安排指揮相關工作，以便快速、全面、切實地推進相關工作。二是要加強憲法實施和監督，維護憲法的權威，及時更正與憲法有衝突的其他法律法規、不合乎憲法規定的行為，同時要推進合憲性審查活動，真正讓憲法權威得以體現。三是建立法治型政府，推進依法行政，使執法做到規範公正文明。各級政府部門應該按照法定職責必須為、法無授權不可為的原則，積極行使自身職責，既要防止亂作為，又要防止懶作為，真正在法律框架內行使好自身職責。四是建設社會主義法治文化。通過宣傳教育等各種手段，堅持普法教育，形成「自覺守法、遇事找法、解決問題靠法」的文化，樹立「憲法法律至上、法律面前人人平等」的理念，真正在全民中形成遵法守法的風氣。另外，還要加強思想道德建設，構建法治觀念的道德底蘊，使法治和德治形成相互補充、互相增進的態勢。

四是鞏固和發展愛國統一戰線。統一戰線是中國在革命時期取得勝利的重要法寶，這一法寶在當代依然具有重要的價值。在當前，我國各種群體利益差別多元化、價值取向錯綜複雜、祖國尚未完全統一以及存在「一國兩制」等特殊制度的情況下，以愛國主義、社會主義

為旗幟，尋求不同群體利益的最大公約數，不斷鞏固愛國統一戰線，團結大多數人，使其為中國社會主義建設做出貢獻。具體來說，我們要不斷加強中國共產黨領導下的多黨合作制度，支持各民主黨派按照中國特色社會主義參政黨的要求更好地履行其各項職能；加強民族團結，使各民族團結在共同團結奮鬥、共同繁榮發展的共同願景上；加強「親」、「清」新型政商關係建設，促進非公有制經濟發展，同時推動非公有制企業家及其他人士的發展；積極團結海外僑胞，使其共同致力於中華民族偉大復興的宏偉目標。

第二節　中華民族偉大復興必須弘揚中國精神

中華民族偉大復興是許多年以來中國人民的夢想，而偉大的夢想就需要偉大的精神來支撐。民族復興所需要的精神主要是以愛國主義為核心的民族精神和以改革創新為核心的時代精神，二者共同構成了中國精神。正是在這兩個精神支撐下，中華民族才能夠不屈不撓，在經歷了多次挫折後，找到正確的發展道路，並在此基礎上實現從站起來到富起來再到強起來的歷史性飛躍。

一、弘揚以愛國主義為核心的民族精神

愛國主義是中華民族的精神基因，是凝聚全國各族人民的精神力量。在愛國主義的旗幟下，一代又一代的中華兒女為了國家的繁榮昌盛而不斷努力奮鬥。在奔向中華民族偉大復興的路上，我們依然要弘

揚愛國主義精神，使它成為中國人民的重要精神動力。

自古以來，愛國主義便是中華民族的精神核心，在這一精神指引下，無數的中華優秀兒女為了國家利益，不惜犧牲個人利益，付出巨大犧牲，譜寫了無數的感人篇章。例如，西漢時期的蘇武，出使匈奴被扣押，儘管匈奴以威逼利誘的手段迫使其投降，蘇武卻不為所動，最終被匈奴發配到遠離故土的北海即現在的貝加爾湖地區去牧羊，在歷盡艱辛之後，終於尋得機會，返回故國。在離開故土的時候，蘇武年僅四十，而返回故國時，他已經年近六旬，離開故土整整 19 年，而支撐他堅持下去的精神，恰恰是愛國主義精神。當然，縱觀中國歷史，愛國精神最為突出的時期是國家遭受危難的時候。面對山河破裂，岳飛發出「駕長車，踏破賀蘭山缺。壯志饑餐胡虜肉，笑談渴飲匈奴血。待從頭，收拾舊山河，朝天闕」的心聲，並且身體力行，力主北伐，多次取得對金戰爭的勝利，儘管最終遭到陷害，無法實現自己的壯志，但是其愛國主義情操卻成為後人學習的榜樣。同樣的時期，很多沒有機會參與收復失土的愛國人士，無不心懷悲壯，陸遊寫下了「王師北定中原日，家祭無忘告乃翁」的千古詩篇，辛棄疾留下了「了卻君王天下事，贏得生前身後名。可憐白髮生！」的遺憾。有的人，面對國家滅亡的悲劇，更是不惜犧牲生命也拒絕投降，最終名留青史，著名的愛國詩人文天祥就是如此。文天祥面對故國已滅的結局，卻拒絕投降，其高尚的愛國主義精神令人動容，「人生自古誰無死，留取丹心照汗青」也隨之成為千古名句。

鴉片戰爭之後，面對帝國主義列強的侵略和壓迫，愛國主義作為中華民族的精神動力，激勵著中華民族為民族獨立和富強而不斷去抗爭和奮鬥，中國的近代史在很大程度上其實就是人民愛國主義的鬥爭

史。林則徐面對鴉片荼毒國民，貽害無窮的威脅，而不懼個人一己之利，毅然發起了禁煙運動，並勇敢抵禦外敵侵略，鴉片戰爭結束後，他被發配到新疆伊犁，面對如此結局，他也毫不後悔，而是寫下了「苟利國家生死以，豈因禍福避趨之」的詩句，表現出作為一個愛國主義者，為了國家利益，毫不顧及自身榮辱的高尚精神。譚嗣同為了國家富強，積極參與「戊戌變法」，在變法失敗後，面對他人勸他逃跑求生，他說「各國變法，無不從流血而成，今日中國未聞有因變法而流血者，此國之所以不昌也。有之，請自嗣同始」，選擇留下來慷慨就義，他用就義來和封建勢力做了最後一次抗爭，留下了一座愛國主義豐碑。偉大的愛國者孫中山先生為了實現祖國的富強，更是幾經挫折，直到生命的最後都慨歎「革命尚未成功」，為了祖國的強盛，可謂付出了一生的心血。以毛澤東同志為代表的共產黨人，為了實現革命的勝利和祖國的富強，在革命期間經受住了各種困難的考驗，例如，長征時期，中國共產黨及其領導的紅軍經歷了極其艱苦的考驗，並付出了巨大的犧牲，無數的革命戰士付出了自己的生命。

　　新中國成立後，愛國主義精神的表現形式發生了新的變化。一方面，依然表現為和其他時期一樣，在戰爭時表現為不怕犧牲，例如在抗美援朝期間，就湧現出了像邱少雲這樣的愛國主義典型。另一方面，在國內建設方面，愛國主義精神表現為為了社會主義建設，不顧及自己及家庭的小利益，即「舍小家而為大家」。例如，雷鋒同志在平凡的崗位上，甘作革命的螺絲釘，堅持幫助他人，溫暖了無數人，成為無數人學習的榜樣。焦裕祿同志作為共產黨員的代表，忍受著病痛的折磨，帶領著蘭考人民治理沙害、種植泡桐，最終取得良好的成效，而他卻病逝在自己的工作崗位上，體現了共產黨員全心全意為人

民服務的精神。石油工人王進喜為了祖國摘掉貧油的帽子，發揮「寧可少活 20 年，拼命也要拿下大油田」拼搏精神，成為新時代石油工人的典型，鐵人精神激勵了廣大人民。「兩彈一星」功勳錢學森同志，在新中國成立後，在愛國主義精神感召下，毅然放棄了在美國的優越工作和生活，回到祖國。在當時各項條件比較艱苦的條件下，帶領國防科技戰線發揮「熱愛祖國、無私奉獻、自力更生、艱苦奮鬥、大力協同、勇於攀登」的精神，最終在「兩彈一星」及其他相關領域做出巨大貢獻，為提升祖國的科技實力做出了巨大貢獻[1]。援藏幹部孔繁森在任阿里地委書記時，不辭勞苦，在任不到兩年的時間裡，幾乎跑遍了全地區所有的鄉鎮，行程超過 8 萬公里，為阿里地區的經濟發展做出重要貢獻，最終在工作途中不幸發生車禍殉職。這些典型所蘊含的愛國主義精神，在社會主義建設進程中發揮了重要的作用。

　　而在當前階段，愛國主義精神將繼續激勵人們在中華民族偉大復興進程中，為了國家的強盛而付出自己的努力和心血。一個國家的進步和民族的興盛，需要人們拋棄純粹的自私自利，而在心中有一個國家的概念，有一種愛國的精神。在新時代中國特色社會主義建設階段，愛國主義精神將繼續發揮重要作用：它將全國各族人民擰成一股繩，為了國家的興盛、人民的幸福而不懈奮鬥。這將把全國人民的力量形成一股合力，保證社會主義現代化強國的奮鬥目標如期實現。

---

1 汪長明：〈愛國、奉獻、求真、創新──解讀錢學森精神〉，《湖北民族學院學報（哲學社會科學版）》2012 年第 1 期。

二、弘揚以改革創新為核心的時代精神

改革創新反映了時代不斷變化的需求，是中國不斷進步的精神力量，它能保證我們的事業與時俱進。中國特色社會主義發展的歷程，便是不斷改革創新的歷程。在當前階段，我們要繼續弘揚與時俱進、銳意進取、勤於探索、勇於實踐的改革創新精神，最重要的便是推進全面深化改革。習近平總書記在十九大報告中指出，堅持全面深化改革「必須堅持和完善中國特色社會主義制度，不斷推進國家治理體系和治理能力現代化，堅決破除一切不合時宜的思想觀念和體制機制弊端，突破利益固化的藩籬，吸收人類文明有益成果，構建系統完備、科學規範、運行有效的制度體系，充分發揮我國社會主義制度優越性」。

要全面深化改革，實現國家治理體系和治理能力的現代化，突出的問題便是要處理好政府和市場的關係。一方面，應積極促進政府職能的轉變，理順政府和市場的關係，擺正政府的位置。政府的位置能否擺正，很大程度上決定了市場作用的發揮。政府職能的轉變，必須要堅持有所為，有所不為，應該由市場調節的環節和領域交還給市場，而需要由政府負責的職能則必須做好。從目前的情況來看，可以從如下方面做好。

首先，**繼續深化簡政放權**，政府逐步退出對微觀領域的過度干預。簡政放權，其實質是政府向社會、向企業放權，主要體現在減少行政審批，從而減少政府對企業的干預，為企業恢復活力創造空間。[1]

---

1 朱之鑫：〈全面正確履行政府職能〉，《求是》2013 年第 22 期。

十八屆三中全會通過的《中共中央關於全面深化改革若干重大問題的決定》中強調，「深化行政審批制度改革，最大限度減少中央政府對微觀事務的管理，市場機制能有效調節的經濟活動，一律取消審批」。實際上，自從十八大以來，中央政府一直在簡政放權方面下足力氣。據報導，李克強同志在接任總理職務時候，中國總計的行政審批事項達到 1700 多項，從 2013 年 4 月開始，國務院開始密集取消和下放相關事項，截至 2013 年 11 月，僅僅在半年時間內就取消和下放行政審批 334 項。[1] 簡政放權，在很大程度上是政府自身的「革命」，在現實中面臨很大阻力，必須採取廣泛措施保證效果。一方面必須提高相關措施的「含金量」，逐步提高簡政放權的力度，切實將那些對微觀經濟主體影響較大的行政審批事項包括其中，防止各級政府避重就輕。另一方面，簡政放權絕對不是撒手不管，而是從事前控制轉變為事中和事後的監控，其管理的責任非但沒有減輕，在一定程度上還加重了。

其次，強化政府的市場監管和公共服務職能。要充分發揮政府積極作用，必須強化其職能。一是強化政府對經濟的指導作用。發展戰略、規劃、政策以及標準的制定和實施等，均可看作是政府對經濟的指導作用。在市場經濟體制下，經濟的發展具有自發性和盲目性，不可避免地要造成一些經濟損失。如果我們充分發揮政府對經濟的指導作用，就可以減輕這一損失，加速經濟發展進程。當然，這裡需要注意的是，強化政府的相關職能，必須要在尊重市場規律基礎上，絕對不能讓這些活動成為干涉經濟正常運行的藉口。二是強化市場監管

---

1 〈政府改革：重新定位權力邊界〉，《北京商報》2013 年 11 月 5 日第 5 版。

職能。在完善相關經濟法律法規的基礎上，以相關法律法規為依據，不斷強化政府的市場監管職能，保證市場競爭有序、公平。一方面，對那些關係人民群眾核心利益的重點行業和那些在國民經濟發展中具有舉足輕重作用的行業，進行重點監管。例如，食品安全問題直接關係到人民群眾健康問題，在現實中問題層出不窮，必須要持續加強監管。房地產行業不但關係到人民群眾的基本生活，還關係到國家經濟長期健康發展，其發展也必須加強監管。另一方面，對於突出的共性問題，必須要採取全方位的措施予以解決。例如，社會信用缺失是目前阻礙經濟發展的一個重要問題。由於此問題具有複雜的內外部原因，很難通過單一的方式在短期內解決，建議可以在加強政府監管基礎上，結合其他方式，創造一個「獎勵守信者、懲罰失信者」的社會氛圍，逐步解決這一問題。三是公共服務職能。政府公共服務功能職能覆蓋的範圍很廣，包括基礎設施建設、就業、社會保障與福利、教育、科技、文化等諸多方面。整體來看，政府在有些方面做得較好，如基礎設施建設、就業等，有些方面相對薄弱，如社會保障與福利等。在公共服務領域，政府職能強化方向有兩個：第一是服務廣度擴展。隨著經濟的發展，需要政府負責的公共服務範圍也在不斷拓展之中，享受各類公共服務的人員數量也處於快速攀升中。第二是服務深度延伸。即人民群眾對各項服務的品質要求提高了，且與經濟快速增長相適應，人民要求服務品質的快速提升。公共服務職能是政府承擔的重要職能，該職能發揮的好壞將直接關係到經濟運行的效率。只有發揮好此職能，才能為市場體制發揮作用創造良好的外部條件。

根據十九大要求，要加快完善社會主義市場經濟體制，加速要素市場化配置，實現「要素自由流動、價格反應靈活、競爭公平有序」。

從目前的情況看，應從以下方面來著手工作：一是消除各種不同形式的市場壁壘，建立統一的市場。只有克服這一情況，建立統一的市場，才能真正發揮市場機制的作用，保證整體的消費者福利。二是促進要素市場改革，促進要素市場的發展。中國在要素市場方面存在的問題較多，主要體現為要素市場發育不成熟。要素市場的改革，也將成為整個市場體系建設的重中之重。首先，由於戶籍政策等政策的存在，導致勞動力資源流動偏離了應有局面，勞動力資源合理流動受到影響。在要素完全流動不存在障礙的情況下，市場機制將在最大限度內保證合適數量的勞動力向勞動力需求區域轉移。其次，在資金來源上，存在國有企業和非國有企業、大企業與中小企業之間的差異。以銀行貸款為例，由於銀行體制、社會意識等方面的原因，在同等情況下，銀行更願意貸款給國有企業，而非國有企業獲取貸款則相當困難。在大企業和中小企業之間，由於大企業資金實力強，可供抵押的資本多，獲取貸款較為容易，而相對而言更需要資金支援的中小企業獲取貸款則困難。如果考慮到資本市場上，國有企業和大企業相對於非國有企業和小企業，更容易通過上市、發行債券等獲取資金，這種不平衡性更大。當然，要素市場的改革，必須要以促進要素的有效流動以及不同經濟體在獲取要素方面的公平性為目標，逐步建立一個完善的要素市場，逐步提高整個經濟運行效率。

三、加強思想道德和文化建設

　　加強思想道德和文化建設，對於發揚積極向上的中國精神，踐行社會主義核心價值觀，對於中華民族偉大復興，具有重要的意義。

目標

　　一方面，加強思想道德建設，踐行社會主義核心價值觀，將有利於將以德治國和依法治國融合，使社會主義核心價值觀融入依法治國之中，推動中華民族偉大復興的實現。習近平總書記在十九大報告中指出，要培育和踐行社會主義核心價值觀。要以培養擔當民族復興大任的時代新人為著眼點，強化教育引導、實踐養成、制度保障，發揮社會主義核心價值觀對國民教育、精神文明創建、精神文化產品創作生產傳播的引領作用，把社會主義核心價值觀融入社會發展各方面，轉化為人們的情感認同和行為習慣。富強、民主、文明、和諧、自由、平等、公正、法治、愛國、敬業、誠信、友善的 24 字核心價值觀，體現了社會主義核心價值體系的根本性質和基本特徵，融合了家層面的價值目標、社會層面的價值取向和公民個人層面的價值準則，充分反映社會主義核心價值體系的豐富內涵和實踐要求。而通過加強思想道德建設，特別是踐行社會主義價值觀，將對社會主義建設產生積極影響，尤其在與依法治國相結合的情況下，效果將更加顯著。中共中央辦公廳、國務院辦公廳於 2016 年 12 月印發的《關於進一步把社會主義核心價值觀融入法治建設的指導意見》中，就提出「堅持依法治國和以德治國相結合，把社會主義核心價值觀融入法治國家、法治政府、法治社會建設全過程，融入科學立法、嚴格執法、公正司法、全民守法各環節，以法治體現道德理念、強化法律對道德建設的促進作用，推動社會主義核心價值觀更加深入人心」。在實踐方面，這一工作正在深入進行中，如「常回家看看」這一體現中華民族尊敬老人、孝敬老人的優良精神文化被新修訂的《中華人民共和國老年人權益保障法》所吸納；針對於法律執行中存在的「老賴」問題，建立了失信者「黑名單」，對失信被執行人名單資訊的公開等情況進行通

報，同時建立網上「老賴」黑名單系統，以法律的形式對「失信」這一影響中國經濟發展的道德問題進行治理；2017 年 9 月，《中華人民共和國國歌法》正式通過，對國歌的奏唱場合、奏唱禮儀和宣傳教育的相應規範進行了規定，這對於人們的思想道德教育和愛國主義精神弘揚無疑具有正面的積極作用。

另一方面，在文化建設和文化體制改革進程中，應將社會效益擺在首位，在此基礎上，努力實現社會效益和經濟效益的一致。在這方面，我們的文化企業不能盲目學習西方，將市場佔有率、收視率、票房和發行量等經濟相關標準作為唯一標準，更應考慮社會影響。事實上，優秀的文藝作品能夠實現社會效益和經濟效益的統一，例如廣受關注的電影《戰狼 II》總票房達到創紀錄的 56 億元，其他的一些優秀文藝作品如《湄公河行動》《智取威虎山》等也取得了相當不錯的票房。根據這些節目的創作經驗，要在文藝作品中體現積極向上的精神，突出社會效益，就應該做好如下幾方面：一是要堅持好為人民創作的導向，積極弘揚社會價值觀，宣揚積極向上的精神，在此基礎上，不斷加強內容創新，提升作品的品質，逐步提升中國文藝作品的影響力；二是要繼續深化文化體制改革，鼓勵各類人才的參與，增強各方的積極性；三是要擴大對外合作，積極利用國外的資源，同時通過加強交流促進中國文藝的國家影響，形成合作共贏的局面。[1]

---

1 以上內容參照了〈凝聚起新時代的精神力量〉，《人民日報》2017 年 10 月 21 日第 2 版。

第三節　中華民族偉大復興必須凝聚中國力量

　　大海之所以博大，是因為匯集了眾多的水源，而中華民族的偉大復興必須聚集全國人民的力量，將全國各族人民團結起來，勁往一處使，就能集合全國人民的智慧，形成戰無不勝的力量，最終戰勝困難，實現中華民族的偉大復興。同樣，作為血脈相連的同胞，港澳臺同胞及海外的華僑，也在中華民族偉大復興的路途中貢獻出了力量，並且在未來，他們也將是實現中華民族偉大復興，建成富強民主文明和諧美麗的社會主義現代化強國的重要力量。

一、實現中華民族偉大復興必須凝聚全國人民大團結的力量

　　中國是由 56 個民族組成的大家庭，作為一個多民族國家，在奔向中華民族偉大復興的進程中，保持民族團結、形成萬眾一心的局面至關重要。正如習近平總書記 2014 年 5 月 29 日在第二次中央新疆工作座談會上指出的：「要高舉各民族大團結的旗幟，在各民族中牢固樹立國家意識、公民意識、中華民族共同體意識，最大限度團結依靠各族群眾，使每個民族、每個公民都為實現中華民族偉大復興的中國夢貢獻力量，共用祖國繁榮發展的成果。各民族要相互瞭解、相互尊重、相互包容、相互欣賞、相互學習、相互幫助，像石榴籽那樣緊緊抱在一起。」中華民族偉大復興是 56 個民族共同的目標，各族人民團

結起來，我們就能更快地實現這一目標。

　　維護民族團結的局面，就要堅決反對一切分裂祖國、危害民族團結的言行。由於受到國外敵對勢力、極端宗教思想的影響，當前階段在中國存在少數分裂分子，他們對全國民族團結形成威脅。對此，2014 年 3 月 4 日習近平總書記在看望出席全國政協十二屆二次會議的少數民族界委員時指出：「全國各族人民都要珍惜民族大團結的政治局面，都要堅決反對一切危害各民族大團結的言行。要堅決依法懲處和打擊暴力恐怖活動，築牢民族團結、社會穩定、國家統一的銅牆鐵壁。」[1] 事實上，只有在社會主義大家庭裡，只有在全國民族大團結的背景下，少數民族廣大群眾的利益才能得到充分保證，生活水準才能不斷提高。在新中國成立之前的很長一段時間裡，長期存在著少數民族受壓迫、地位不平等問題，生活水準普遍較低，社會形態也相對落後。而在新中國成立後，徹底廢除了對少數民族不平等的政策，開闢了民族平等團結的新局面，並對少數經濟落後地區進行了援助，幫助少數民族群眾提高生活水準。例如，西藏地區的藏族同胞，在新中國成立之後實現了從奴隸社會直接到社會主義社會的歷史性飛躍，廣大藏族群眾的生活水準也不斷提高。改革開放以後，隨著東部地區經濟率先發展，少數民族地區經濟發展相對較慢，這時候我們還開展了對口援助工作，同時大力加強這些地區的基礎設施建設。例如，曾經不通鐵路的青藏高原，現在也有了鐵路，大大方便了西藏地區和祖國其他地區的聯繫。

---

1 〈習近平：堅決反對一切危害各民族大團結的言行〉，http：//news.xinhuanet.com/politics/2014-03/04/c_119605935.htm，2014 年 3 月 4 日。

正如習近平總書記在 2014 年兩會上指出的，「增強團結的核心問題，就是要積極創造條件，千方百計加快少數民族和民族地區的經濟社會發展，促進各民族共同繁榮發展」[1]。我們在今後的工作中，必須要著力加強少數民族地區經濟發展，這是增進民族團結的關鍵問題。由於歷史上的原因，許多少數民族生活在老少邊窮地區，其所在地區經濟發展相對落後，生活水準相對較低。對此，一方面我們要打贏脫貧攻堅戰，保證十九大提出的「重點攻克深度貧困地區脫貧任務，確保到二〇二〇年我國現行標準下農村貧困人口實現脫貧」的目標得以實現，從而使貧困的少數民族群眾得以真正脫貧。另一方面，我們應該積極推進區域協調發展戰略，促進民族地區、邊疆地區經濟發展。由於地理位置和歷史上的經濟發展差異問題，導致部分民族地區和邊疆地區經濟發展落後，而隨著中國特色社會主義進入新時代，區域發展協調戰略將更加受到重視，特別隨著「一帶一路」倡議逐步推進，少數民族較為集中的中西部地區也迎來了前所未有的發展機遇。在這種情況下，積極推動少數民族地區和邊疆地區快速發展，使少數民族群眾進一步享受到發展的成果，將有力促進民族團結。

二、實現中華民族偉大復興應緊密團結海內外中華兒女

實現中華民族偉大復興是包括海外中華兒女的全體中華民族的

---

1 〈十八大以來以習近平同志為總書記的黨中央關心少數民族和民族地區紀實〉，http：//news.xinhuanet.com/politics/2014-09/27/c_1112652247.htm，2014 年 9 月 27 日。

共同夢想。其中，既包括香港、澳門與臺灣地區的同胞，也包括分散在世界各地的海外僑胞。在歷史上，港澳臺同胞和海外僑胞無論在革命年代，還是在新中國成立後，都紛紛為了祖國的富強而做出自己的貢獻，而在今後，中華民族的偉大復興也需要他們發揮赤忱的愛國情懷、雄厚的經濟實力、豐富的智力資源、廣泛的商業人脈。

從鴉片戰爭以來，廣大海外僑胞就一致熱忱支持中國的革命事業。例如，在辛亥革命之前，孫中山在發動革命時缺乏資金，就多次從海外僑胞那裡籌集資金。這些海外中華兒女，雖然身在海外，卻心繫中華，甘心為了祖國的強盛出錢出力，部分人甚至不顧自身安危回國直接參加革命。在抗日戰爭期間，面對中華民族生死存亡的危機局面，廣大海外華僑更是以滿腔熱血，支持抗日活動。為了凝聚力量，海外華僑成立了一系列的抗日救國團體，例如在美國華僑總計成立了95個團體，在南洋（即現在的東南亞地區）建立了馬來亞新加坡華僑籌賑祖國傷兵難民大會委員會，由著名愛國華僑陳嘉庚任主席。海外華僑對抗日戰爭的支援，一方面表現為捐款捐物，投資國內建設。抗戰十四年廣大華僑通過捐款、購買國債以及增加對國內匯款等形式，有力地支持了國內抗日；同時對於國內急需的各種物資，海外華僑積極予以捐助，據統計，抗戰十四年，海外華僑捐贈了數百架飛機、上千輛汽車及大量的衣服、藥品等。另一方面，部分華僑更是回國直接參加抗日，據統計，在全面抗戰時期，回國參加抗戰的粵籍僑胞就達4萬餘人，他們或者從事醫療救護、運輸服務、文藝服務等後勤方面的工作，或者直接上戰場殺敵，不少人最終為了抗戰的勝利付出了自

己寶貴的生命。[1]

　　新中國成立後，廣大海外華僑更是積極參與國家建設，這一點在改革開放之後表現得最為突出。在中國改革開放初期，由於建設資金較為缺乏，廣大港澳臺同胞和海外華僑，積極回國投資，在改革開放之後很長一段時間內，港澳臺同胞及海外華僑都充當了對祖國大陸直接投資的主力，有力地支持了國內經濟發展。例如，1997 年，中國直接利用外資總額為 452.57 億美元，而中國香港的投資為 206.32 億美元，臺灣地區投資額為 32.89 億美元，澳門為 3.95 億美元，港澳臺地區三者總計的比重達到 53.7%，超過一半，如果再算上其他地區的海外華僑的投資，這一比重還將提高。可以想像，這些港澳臺同胞和海外僑胞對祖國進行投資，固然有盈利的考慮，但是毫無疑問，高漲的愛國熱情也是其中的重要因素。

　　在未來發展階段，廣大海內外的中華兒女仍將是重要力量。儘管我們現在經過了 70 年的社會主義建設以及 40 多年的改革開放，國內經濟、科技、文化等方面都取得了豐碩的建設成果，但是在全球化背景下，任何一個國家都可能獲得自身發展所需要的資源，只有通過加強對外交流，才能更快促進本國的發展。而中國有幾千萬的海外中華兒女，他們具備突出的經濟實力、優越的科技水準以及廣泛的社會資源。在新時代中國發展進程中，充分發揮這些海外兒女的愛國情懷，使他們為了祖國實現民族振興而貢獻力量，將成為國內各族人民努力奮鬥的有力補充，從而加速中華民族偉大復興目標的實現。

---

1 以上資料來自黃小堅：〈華僑對抗日戰爭的傑出貢獻〉，《華僑華人歷史研究》1995 年第 3 期。

第四節　中國共產黨的領導是實現中華民族偉大復興的根本保證

正如習近平總書記在十九大報告中所指出的，「中國共產黨一經成立，就把實現共產主義作為黨的最高理想和最終目標，義無反顧肩負起實現中華民族偉大復興的歷史使命，團結帶領人民進行了艱苦卓絕的鬥爭，譜寫了氣吞山河的壯麗史詩」，中國共產黨成立以來的歷史實踐表明，中國共產黨領導全國人民探索出了一條正確的、能夠真正實現中華民族偉大復興的道路。在新民主主義革命年代，闖出了一條以農村包圍城市、武裝奪取政權這樣前人未曾走過的道路，最終建立了社會主義國家；經過社會主義改造，在全國建立起社會主義基本制度，為中國的發展道路奠定了根本政治前提和制度基礎；在改革開放時代，破除了阻礙國家和民族發展的一切思想和體制性因素，探索出了中國特色社會主義，把中華民族復興帶入正軌，實現了現在比以前任何時候都更接近民族復興的狀態。在新時代下，中國共產黨的歷史使命是繼續帶領全國人民奮鬥，將中華民族偉大復興的中國夢變成現實。

一、要實現中華民族偉大復興，中國共產黨必須進行偉大鬥爭

習近平總書記在十九大報告中指出：「我們黨要團結帶領人民

目標

有效應對重大挑戰、抵禦重大風險、克服重大阻力、解決重大矛盾，必須進行具有許多新的歷史特點的偉大鬥爭，任何貪圖享受、消極懈怠、回避矛盾的思想和行為都是錯誤的。」在這裡偉大鬥爭的主要內容包括：堅決擁護堅持黨的領導和中國社會主義制度，對於一切削弱、歪曲、否定黨的領導和中國社會主義制度的言行都要予以堅決反對；堅決推進改革創新，破除阻礙這一要求的阻礙性因素；要堅決維護群眾的利益，而對於損害群眾利益以及脫離群眾的行為要堅決反對；堅決維護國家主權、安全和發展利益，而對一切分裂祖國、破壞民族團結和社會和諧穩定的行為予以堅決反對；積極防範各種風險，堅決戰勝在政治、經濟、文化、社會等領域及自然界出現的各種困難和挑戰。

此處我們著重討論化解風險的問題。經濟方面的風險來源於多方面。當前階段，中國經濟已經步入新常態，面臨著經濟增長速度由高速向中高速轉變，經濟發展的重點由注重品質向注重品質和速度協調轉變，而在此期間各類風險逐漸顯現。從內部來說，表現為結構性風險，即供給側方面的風險。

從經濟發展的動力轉向問題上看，中國技術創新驅動戰略取得了突出的成就，但是整體來說，要真正全面實現建設創新型國家的相關目標，還需要中國在技術創新領域做更大的工作，要經過較長時間的艱苦奮鬥才能實現。

從外部挑戰的情況來看，中國的未來發展可能面臨一系列挑戰。首先，發達國家再工業化戰略與新興技術的結合，有可能會對中國低成本競爭力構成嚴重威脅。金融危機之後，發達國家紛紛出臺了再工業化戰略。站在當時的角度看，這些戰略對中國工業有一定負面作

用，但是整體影響力不大。所謂的再工業化戰略，是相對於發達國家過去掀起的去工業化戰略的一種反彈[1]，即在意識到產業空心化減弱了經濟體系對抗危機的能力之後，試圖重新再度發展工業的一種嘗試。從本輪經濟危機之後美歐等發達國家所提出的再工業化的戰略意圖和相關配套措施來看，其戰略的本意是在鞏固發達國家在工業分工體系的研發、銷售環節已有優勢的基礎上，通過不斷進行技術創新以及搶占新興產業發展的高地，進一步強化其在工業生產的關鍵環節和重要行業的優勢地位。然而，隨著近幾年與機器人應用相結合的德國「工業4.0」等生產模式的出現，使發達國家再工業化的潛在發展空間驟然加大，對中國未來工業發展形成重要威脅。其次，部分發展中國家承接產業轉移條件越來越成熟，這對中國未來工業發展形成不利因素。隨著中國勞動力工資水準和福利水準不斷提高，以及勞動力整體供求關係的轉變，中國勞動力成本呈現不斷上升趨勢，且這一趨勢難以逆轉。比較優勢的逐步弱化，使中國在勞動密集型產業方面所具備的潛在價格競爭力逐漸降低。最後，經濟全球化進程減速，貿易自由化新趨勢對中國不利。最近幾年來經濟全球化進程出現減速趨勢，最突出的問題便是WTO談判陷入僵化境地，連續多年未取得突破成果。由於發展中國家和發達國家立場不同，在許多問題上難以取得一致意見，如發展中國家幼稚產業保護、發達國家農產品出口補貼等一系列問題，均涉及各自國家的核心利益，難以取得進展。在這種情況下，許多國家就繞開WTO框架，採用區域合作和雙邊合作的方式，深化經貿

---

1 所謂的去工業化，是指發達國家在發展到一定階段後，工業在國民經濟中的重要性不斷下降，工業生產鏈條中的勞動密集環節大量轉移到發展中國家。

合作。

　　社會領域面臨多樣化的挑戰。首先，要持續提高人民的收入水平，逐漸減小貧富差距，經濟增長的同時實現居民收入同步增長、在勞動生產率提高的同時實現勞動報酬同步提高，在經濟步入新常態，經濟增長速度趨緩的情況下，要達到相關目標還是非常有挑戰性。其次，在完善社會保障體系方面、保障人民住房的權利方面，也需要面臨許多挑戰。中國是一個存在城鄉二元化、不同社會階層貧富差距較大、區域發展存在較大差異、社會保障體系整體水準不高的國家，要在較短時間內，儘快完善社會保障水準，使更多的人享受到發展的好處，也有較大困難。再次，在醫療和教育等方面，要進一步提升相關服務水準，也面臨許多問題和挑戰。醫療領域要做到為人民群眾提供全方位全週期健康服務，還需要在多方位進行探索，克服許多問題。在教育方面存在的問題也較多，其中最為突出的問題便是如何使教育與經濟需要更好地結合起來，而這個問題所涉及的因素錯綜複雜，要想真正突破，也需要克服許多困難。

　　文化領域在未來面臨嚴峻挑戰。文化作為軟實力的最重要組成部分之一，一直受到黨中央的高度關注，習近平總書記多次在講話中提到文化的重要性。而在國際上，不同國家在文化領域的擴張和反擴張、滲透和反滲透方面存在激烈博弈，文化資源和文化市場的爭奪也是各國爭奪的焦點。在這種情況下，中國文化領域在未來將面臨嚴峻形勢。首先，在文化產品的輸入與輸出領域，我們需要面臨國內市場的堅守與佔領國外市場的問題，導致我們在兩個市場與其他國家競爭。隨著中國的國際影響力不斷加大，國際話語權不斷提升，中國的文化產品「走出去」步伐將不斷加速，國際競爭力的壓力將持續增加。

另一方面，在國內市場上，中國也面臨著儘快增加高品質文化產品的挑戰，這樣才能滿足人們日益增長的美好生活需要，並與國外的文化產品展開競爭。其次，要完成建設具有強大凝聚力和引領力的社會主義意識形態的任務，也需要我們做很多工作。在當前階段，中國面臨多樣化的社會思潮、多樣化的價值判斷、多樣化的利益訴求，在這種情況下，要弘揚社會主義核心價值觀，使其成為凝聚社會共識的公約數[1]，依然具有很大的挑戰性，需要我們踏踏實實在許多方面做好工作。

生態問題在當前階段比較突出。生態問題是一個關係到可持續發展、人民生活幸福的重大問題。十八大以來，以習近平同志為核心的黨中央十分重視生態問題，「我們要繼續推進生態文明建設，堅持節約資源和保護環境的基本國策，把生態文明建設放到現代化建設全域的突出地位，把生態文明理念深刻融入經濟建設、政治建設、文化建設、社會建設各方面和全過程，從根本上扭轉生態環境惡化趨勢，確保中華民族永續發展，為全球生態安全作出我們應有的貢獻」[2]。正是在這樣的認識基礎上，中央出臺了一系列政策，並取得了相當的成效。

但是，經濟轉型的速度無法趕上人們日益增長的環保要求水準，這也導致生態問題更加突出。經濟轉型的速度是個循序漸進的過程，在這期間，必須要給企業足夠的轉型時間，否則很容易出現大面積企業倒閉引發的經濟發展速度下降的局面，並引發失業率上升、部分群眾收入下降過快的現象，從而引發一系列問題。而另一方面，隨著人

---

1 郭建寧：〈核心價值觀：社會共識「最大公約數」〉，《人民論壇》2014 年第 16 期。
2 習近平：〈全面貫徹落實黨的十八大精神要突出抓好六個方面工作〉，《求是》2013 年第 1 期。

們的收入持續增長，對生活品質的要求不斷提升，因而對環境品質的要求也持續提高。特別是在當前以霧霾為焦點的空氣品質問題，部分地區的河流環境問題，成為廣大群眾十分關心的問題，要求儘快予以解決的呼聲很高。另一方面，儘管中國部分領域的問題持續改善，但是由於基礎較低，現在所達到的水準依然與生態較為發達國家具有較大的差距，因而無法滿足民眾需要。例如，改革開放以來，中國持續的植樹造林，使中國森林覆蓋率不斷提高。根據全國第八次森林普查（2009-2013）的相關資料，在此期間，中國森林面積由 1.95 億公頃提高到 2.08 億公頃，森林覆蓋率由 20.36% 提高到 21.63%，4 年時間提高了 1.27 個百分點，取得了相當不錯的成績。但是即便如此，不足 22% 的森林覆蓋率在世界各國中，依然處於較為落後的局面，與部分生態較好的國家差距很大。

整體來看，中國在實現中華民族偉大復興過程中，將面臨一系列的挑戰和困難。這就要求全黨做到十九大提出的「充分認識這場偉大鬥爭的長期性、複雜性、艱巨性，發揚鬥爭精神，提高鬥爭本領，不斷奪取偉大鬥爭新勝利」，從而實現我們的偉大夢想。

二、要實現中華民族偉大復興，中國共產黨必須進行偉大工程

十九大報告指出「我們黨要始終成為時代先鋒、民族脊梁，始終成為馬克思主義執政黨，自身必須始終過硬。全黨要更加自覺地堅定黨性原則，勇於直面問題，敢於刮骨療毒，消除一切損害黨的先進性和純潔性的因素，清除一切侵蝕黨的健康肌體的病毒，不斷增強黨的

政治領導力、思想引領力、群眾組織力、社會號召力，確保我們黨永葆旺盛生命力和強大戰鬥力。」要推進偉大工程，實際上所涉及的工作錯綜複雜，包括政治建設、思想建設、黨風建設、組織體制建設、人才建設等諸多方面，在這裡我們著重強調如下三方面。

一是應繼續加強黨員紀律約束。一是堅持正確的政治立場，堅守馬克思主義信仰。中國共產黨是堅持馬克思主義信仰的政黨，黨的各級領導幹部必須堅持正確的政治方向，在思想和工作方面自覺抵制與馬克思主義信仰相抵觸的各種錯誤思想。一方面，在改革開放推進過程中，除了為中國社會主義建設提供借鑒和幫助的有益的思想和知識以外，一些錯誤的反馬克思主義和社會主義思想也湧入中國，並在潛移默化中影響了一部分人，其中尤以盲目全面推崇西方政治經濟模式的思想危害最大。這些理論在本質上否定了馬克思主義理論和社會主義制度，是我們必須要堅決抵制的錯誤思想，但是由於這些理論具有較強的外在迷惑性，因而在部分人群中有一定的市場。對此，各級領導幹部必須加強馬克思主義理論修養，不斷增強理論學習，牢固樹立馬克思主義信仰，在西方錯誤思想面前能夠保持清醒的認識，防止它們侵蝕自己的思想。另一方面，雖然我們在 100 多年前推翻封建主義制度，但是 2000 多年的封建制度歷史，使得封建主義思想和文化在短期內很難徹底去除，直到現在封建主義殘留依然存在。對各級領導幹部來說，這些封建殘留思想會產生官位意識和錯誤的權力認知，削弱為人民服務的公僕意識，並進一步導致部分機關單位的「衙門化」傾向。對此，各級領導幹部需要堅持正確的政治立場，找准自身定位，在權力面前保持清醒認識，堅決摒棄封建主義殘留的「官老爺」意識和權力意識，堅定站在黨和人民的立場，做好自身的工作。二是嚴守政治

紀律，嚴明政治規矩。首先，黨的各級領導幹部需要遵紀守法，堅決不觸碰法律底線。特別需要強調的就是各級領導幹部要樹立正確的人生觀，防止錯誤的金錢觀侵蝕，堅決同腐敗思想作鬥爭。我黨對腐敗問題一向態度堅決，十八大以後，我黨對反腐敗問題採取了一系列措施，一大批腐敗分子落入法網，反腐敗鬥爭壓倒性態勢正在形成，相關制度建設也取得重大進展。當然，反腐敗的宏觀形勢向好，並不意味著廣大領導幹部就可以放鬆警惕，而是需要不斷保持警醒，始終保證兩袖清風。其次，嚴格遵守包括黨的紀律在內的政治規矩。政治規矩包括四個內容：作為總規矩的黨章、黨的紀律體系、國家法律、黨在長期實踐中形成的優良傳統和工作慣例[1]。除了國家法律是對所有公民都有約束力外，黨章、黨的紀律體系和未成文的傳統和慣例都是黨員的行為規範。各級領導幹部應該帶頭嚴格遵循政治規矩，自覺同黨中央保持一致，遵守組織原則，維護良好的政治生態，為普通黨員起到模範帶頭作用。

二是加強基層黨組織建設。十九大報告中提出，「黨的基層組織是確保黨的路線方針政策和決策部署貫徹落實的基礎。要以提升組織力為重點，突出政治功能，把企業、農村、機關、學校、科研院所、街道社區、社會組織等基層黨組織建設成為宣傳黨的主張、貫徹黨的決定、領導基層治理、團結動員群眾、推動改革發展的堅強戰鬥堡壘。」在這裡我們以國有企業加強基層黨組織建設為例進行探討。加強國有企業基層黨組織建設問題的重點在於「明確黨組織在決策、

---

1 習近平：〈深化改革鞏固成果積極拓展　不斷把反腐敗鬥爭引向深入〉，《中國紀檢監察》2015 年第 2 期。

執行、監督各環節的權責和工作方式，使黨組織發揮作用組織化、制度化、具體化」[1]。當前階段，企業黨組織職能較窄，尚不能在企業經營決策等諸多方面發揮作用，同時黨組織在內部分工方面普遍存在分工較粗、臨時化分派任務等問題，嚴重影響了相關黨員的工作責任心和積極性。在這方面，需要解決好兩件事：一是基層黨組織定位問題。基層黨組織在國有企業中起到政治核心作用，重點任務在於管好幹部，凝聚人心。二是基層黨組織內部分工問題。不能將黨組織內的職責分工落實到人，會在較大程度上產生職責不明確導致的黨員個人責任心不強以及想要幹事的人「名不正言不順」的問題。對此，應積極結合企業的業務特性、組織機構特點、專案特徵等因素，建立立體化、扁平式、多方位的分工體系，做到具體任務落實到人，保證任務有人管、人人有事幹，真正發揮黨員的積極性。加強國有企業基層黨組織建設的另一個核心問題是「處理好黨組織和其他治理主體的關係，明確權責邊界，做到無縫銜接，形成各司其職、各負其責、協調運轉、有效制衡的公司治理機制」[2]。作為一個企業，保證日常運營、實現企業盈利是基本目標，因此如何處理好黨組織和管理層、黨組織的有關活動和企業日常運營活動的關係成為重中之重。處理得當，二者會相互促進，處理不好，則會相互掣肘。國有企業基層黨組織應著力立足於「保證落實」，即積極發揮黨組織在人力組織和企業文化方面的作用，配合管理層積極落實企業的戰略、任務，在權責方面和管

---

[1] 同上。

[2] 習近平：〈深化改革鞏固成果積極拓展　不斷把反腐敗鬥爭引向深入〉，《中國紀檢監察》2015 年第 2 期。

理層明確邊界，在協調方面，積極主動與管理層配合，妥善處理好黨組織和管理層的關係，進而理順企業日常經營活動和黨組織活動的關係，使二者形成了強力的相互促進、共同強化的良好關係。在合理的組織架構和職能分工下，加強黨組織建設，將有利於建設具有獨特優勢、各機構關係協調、各職能運轉良好的具有中國特色的國有企業現代化治理結構，促進國有企業的保值增值、社會責任的發揮。國有企業可以在基層黨組織實行頂層設計的基礎上，引領廣大黨員在重點工程、重大考驗、重要崗位中幹在先、走在前，使黨員先鋒隊形成品牌效應，使黨員群體成為企業職工的主心骨和帶頭者，保證企業經營水平不斷提高。這一具備中國特色的企業治理結構，將成為支撐中國企業改革取得勝利的重要制度基礎。

三是全面增強執政本領。十九大報告提出，「要增強學習本領，在全黨營造善於學習、勇於實踐的濃厚氛圍，建設馬克思主義學習型政黨，推動建設學習大國。」在這裡我們主要討論如何提高戰略思維問題。戰略思維就是要以世界的眼光，統籌國內國外兩個大局，把握時代特徵，正確把握黨和國家事業發展的整體局勢，並將這種意識納入到自身工作的思考與籌畫中[1]，其核心內容便是要培養開闊的戰略意識。而要培養這種戰略意識，應從如下幾方面入手：首先從廣度和時間兩個維度從整體上把握中國宏觀形勢。廣度維度，就是要站在全球政治、經濟、社會、文化等諸多領域發展的角度，在整體瞭解國內國外發展環境的基礎上，統籌把握中國宏觀形勢。以經濟領域為例，

---

1 教育部中國特色社會主義理論體系研究中心：〈強大局意識〉，《求是》2016年第9期。

經濟發展進入新常態是中國當前經濟發展的大局，與其相關的國際環境是，全球經濟在經歷了國際金融危機的打擊之後，雖然已經逐步步入復蘇的軌道，但是歐美日等主要發達國家尚未恢復危機前的增長速度，主要發展中國家呈現出增速兩極分化的局面；在國際經濟合作領域，國際貿易體系正從以 WTO 體系為主向更加注重區域及雙邊經濟合作轉變，經濟全球化進程受阻。而從國內角度看，經濟要素發生重大轉變，勞動力過剩局面已經出現轉折，資源能源約束和環境容量限制日益突出，依靠大量資源能源投入和高環境污染支撐的傳統經濟發展模式已經難以持續，經濟發展到了轉型期。時間維度，就是要站在歷史的角度，把握中國宏觀局勢，明白其來龍去脈及未來發展趨勢。經濟新常態是在中國經歷了 30 年左右的高速發展期之後，逐漸進入了中高速發展期，從世界各國發展歷程看，這是一個不可避免的趨勢。從經濟轉型角度看，經濟發展由依靠要素投入向以創新為驅動轉變，是發展中國家向發達國家轉變的重要特徵。同時，我們還必須要認識到，這一轉變不必然是成功的，許多發展中國家沒有完成轉變，而是陷入了中等收入陷阱。可以看出，從廣度和時間兩個維度去把握宏觀形勢，就能夠得出比較全面的、有高度的認識。其次，明確整體局勢的關鍵環節。在全面把握宏觀形勢之後，就需要瞭解在這樣的階段，推進中國社會主義建設的關鍵環節是什麼。繼續以經濟領域為例，在經濟步入新常態後，經濟發展的關鍵環節便是轉型。而要促進經濟轉型，第一要逐步強化創新驅動，不斷提高創新對經濟發展的貢獻率；第二要針對當前經濟的主要矛盾，推動相關改革，為經濟轉型創造良好的基礎，如中國當前階段在供給側方面存在突出問題，因此才推出供給側結構性改革的相關措施。當然，強調關鍵環節絕對不意味著就

要忽視其他方面，相反，需要辯證地、全面地把握好關鍵環節和其他方面的聯繫。例如，經濟新常態高度強調創新發展，但是創新發展必須要與協調、綠色、開放、共用發展綜合起來，全面貫徹新發展理念，只有這樣才能實現健康的轉型發展。整體而言，培養開闊的戰略意識是一個比較高的要求，需要各級領導幹部不斷加強學習。一方面，要加強黨中央相關檔的學習，緊跟國內外形勢的變化和政策的更新。黨中央的相關檔，都是站在全域的角度，全面地、深入地對中國整體形勢或者某些領域的宏觀形勢進行深入分析，系統學習這些檔是提升戰略思維的捷徑。另一方面，加大對各領域基礎知識、發展趨勢的學習力度，本著不求做專家，但要瞭解大勢的角度去學習，不斷擴充自己的知識面和對宏觀形勢發展的認識深度，特別是在本職工作相關領域更要著重加強學習。

三、要實現中華民族偉大復興，中國共產黨必須進行偉大事業

中國特色社會主義是改革開放以來黨的全部理論和實踐的主題，是黨和人民歷盡千辛萬苦、付出巨大代價取得的根本成就。中國特色社會主義道路是實現社會主義現代化、創造人民美好生活的必由之路，中國特色社會主義理論體系是指導黨和人民實現中華民族偉大復興的正確理論，中國特色社會主義制度是當代中國發展進步的根本制度保障，中國特色社會主義文化是激勵全黨全國各族人民奮勇前進的強大精神力量。全黨要更加自覺地增強道路自信、理論自信、制度自信、文化自信，既不走封閉僵化的老路，也不走改旗易幟的邪路，保持政治定力，堅持實幹興邦，始終堅持和發展中國特色社會主義。

第五章

中華民族偉大復興的世界意義

　　十九大報告指出，中國共產黨是「為人類進步事業而奮鬥的政黨」「始終把為人類作出新的更大的貢獻作為自己的使命」；而在對外關係方面，提出要「高舉和平、發展、合作、共贏的旗幟，恪守維護世界和平、促進共同發展的外交政策宗旨，堅定不移在和平共處五項原則基礎上發展同各國的友好合作，推動建設相互尊重、公平正義、合作共贏的新型國際關係」。事實上，中華民族的復興，將是構建人民命運共同體的進程，將帶給全世界繁榮和發展，而不是如同有的國家在崛起進程中帶來戰爭以及其他負面作用。

第一節　中華民族偉大復興的和平特徵

　　古今中外的歷史表明，一個國家的崛起過程，往往和武力相伴

隨；而近代以來，主要世界強國依次崛起的過程，如英國、德國、日本等國家的崛起，都伴隨不同程度的海外掠奪和殖民行為。第一次世界大戰，在一定程度上可以說，其原因便是已經崛起的國家和新近崛起的國家，分贓不均所導致的矛盾尖銳化所致。但是，中華民族的偉大復興，具備非武力性和非掠奪性特徵，不會因此爆發衝突，相反，中國的崛起帶給其他國家的是共同發展的機遇。

一、歷史上看中華民族就是愛好和平的民族

從歷史上看，中國強盛朝代的崛起過程，儘管會伴隨武力，但是卻不對其他民族進行掠奪。中國封建王朝崛起時候的對外武力，主要是應對遊牧民族的騷擾，具有被迫還擊性質。遊牧民族由於其主要生產便是遊牧，善於騎馬和戰鬥，同時其生活又居無定所，逐水草而居，這就決定了他們比起漢族來，更善戰，加之他們的生產力比較低下，需要漢族生產的生活用品及生產工具，因此對他們來說，劫掠農耕區的漢族，是一個難度不大而收益頗豐的行為。如果不通過劫掠方式，他們就必須通過交換和漢族居民換取必要的物資和工具，而漢族為主體的封建政權有時候會限制邊境的交易行為，這也容易引發劫掠或者戰爭。而在戰爭過程中，由於遊牧民族沒有固定的定居點，且人員較為分散，因此封建政權很難採取畢其功於一役的方式徹底消除這種隱患。因而，封建政權要解決這一問題，要麼是閉關鎖國，加強防守，如加固長城；要麼是和親，通過出嫁王族的女子來換取邊境短時間的和平；要麼便是戰爭。而在強盛的封建王朝，這種戰爭往往持續多年，通過不斷削弱遊牧民族的有生力量而獲得邊境的安寧。但是，

由於漢族中原政權戰爭的成本遠遠高於遊牧民族，如軍隊出行需要大量的糧草儲備，而這些遊牧民族不需要專門準備，因此對漢族來說，戰爭的成本很高，長時間的戰爭往往會對國力形成巨大消耗。因此，即使在十分強盛的朝代，許多封建統治者對戰爭也採取非常謹慎的態度，因為「兵者，國之大事，死生之地，存亡之道，不可不察也」。總之，這種對外戰爭都是被迫的，更談不上劫掠了。

整體來看，中國歷史上基本沒有主動發動對周邊政權的戰爭，相反，卻遭受被外來侵略者欺凌的經歷，這一點在近代歷史上表現最為明顯。鴉片戰爭之後，帝國主義每次對中國的戰爭和侵略，都給人民帶來了災難。其中，最為突出的是日本對中國的侵略，據統計，僅僅二戰期間，日本的侵略便使中國人民總計傷亡 3500 萬人以上，其中軍人傷亡 383 萬人，總計的官方財產損失和戰爭消費達到 1000 億美元以上，而間接損失則達到 5000 億美元。[1] 這就表明，儘管中國人民最終取得了勝利，但是其代價是高昂的。日本的野蠻侵略不僅使大量的人員喪失了生命，特別是南京大屠殺這樣的慘案，給人民帶來痛苦的記憶，而且震盪不安的戰爭環境，還嚴重降低了人民的生活水準。對戰爭殘酷的認識，使中國人民成為一直愛好和平的民族，懼怕戰爭環境給自己帶來災難，這樣的一個民族，不會為了自己的利益而悍然發動戰爭。

---

1 劉庭華、彭玉龍：〈中國抗日戰爭對世界反法西斯戰爭的重大貢獻〉，《紅旗文稿》2015 年第 14 期。

二、中華民族的偉大復興將是和平發展的過程

中華民族的偉大復興是在 20 世紀中期到 21 世紀中期之間真正逐步實現的。在這一時期，中國共產黨領導下的社會主義建設，充分利用了二戰後全球經濟發展的形勢，通過建立社會主義體制、改革開放等方式，在和平的環境下實現了快速發展。可以說，中華民族的偉大復興是和開放分不開的，正是充分利用了全球的資源、市場，中國的發展才會這麼迅速，中國能夠獲得自己所需的相應的資源和市場，而不需要通過戰爭的方式獲取。同時，無論是與發展中國家還是發達國家的合作過程中，我們都是本著互利共贏的原則進行合作，而不存在著之前西方各國在與非洲、美洲和亞洲等地區的擴展過程中存在的劫掠與殖民行為。相反，中國在非洲、美洲和亞洲其他國家的合作過程中，給當地帶來了充足的就業和發展機遇，成為推動當地經濟發展的重要力量，這一點和西方國家崛起過程中的角色完全不同。

正如習近平總書記所說，「中國這頭獅子已經醒了，但這是一隻和平的、可親的、文明的獅子」[1]，中華民族偉大復興進程需要和平的國際環境，復興目標實現了帶給國際的也是和平。當前階段，在國際上有部分輿論，將中國崛起看作是一個擴張型的、具有霸權性質的進程，從而形成「中國威脅論」。其實這一理論，要麼是簡單地將中國崛起的進程簡單等同於歷史上其他資本主義國家崛起的過程，要麼就是純粹的敵對性宣傳。的確，世界歷史尤其是近代歷史中包括英國、

---

1 〈習近平在中法建交 50 周年紀念大會上的講話（全文）〉，http：//news. xinhuanet. com/world/2014-03/28/c_119982956_3.htm，2014 年 3 月 28 日。

德國、美國、日本等國家在內的國家崛起，伴隨擴張、霸權以及戰爭。綜合分析這些國家具備這些特徵的原因，主要包括如下幾個：一是在近代以工業為支撐的國家崛起，需要大量的土地、人口作為基礎，這就導致部分國家崛起的進程中，由於自身國土面積比較小、人口比較少，例如英國，僅憑自身國土無法支撐起強大的國力，必須通過不斷擴張殖民地才能維持其全球大國地位。而如果一個國家的擴張過程中和其他國家產生了利益上的衝突，在缺乏其他有效解決方式的情況下，就會爆發戰爭；二是資本主義的性質，使這些國家都具備對殖民地強化侵略佔有，對競爭國家採取針鋒相對措施的特點，這也使一個國家的崛起成為整個地區甚至全球不安的源泉。但是，中國的崛起完全不同，除了中華民族自古以來愛好和平的特質以外，中國的崛起過程本身不依賴於對其他國家的擴張，廣闊的土地、眾多的人口，使中國具備自力更生的基礎，同時也使中國具備通過對外貿易獲取自身所需的資源和產品的基礎。同時，在全球化不斷推進的前提下，中國完全可以通過貿易、投資等和平的方式，滿足自身發展的需要，而不需要借助於擴張的方式。在爭端的解決上，中國一直強調以對話解決爭端、以協商化解分歧的原則，對於戰爭等極端解決手段持高度戒備態度。事實上，中國一直在強調，中國永不稱霸，而那些營造「中國威脅論」的人，其實是基於冷戰思維而提出的，其真實意圖在於遏制中國發展，盡力維護自己在現有格局中的利益，是一種極端自私的心理。

第二節　中華民族偉大復興將造福各國人民

中華民族的偉大復興，不僅不會給世界帶來戰爭及其他不利影響，相反還會給世界人民帶來繁榮，使各國人民共同享受到中華民族復興帶來的種種好處。具體來說，表現在如下幾方面。

一、中國的經濟發展通過進出口的方式產生溢出效應，帶動全球經濟進步

隨著經濟的持續發展，中國對全球經濟增長的貢獻率不斷提高。特別是在國際金融危機爆發後，發達國家的經濟增長態勢大幅減弱，而中國則持續提高。據統計，按照 2010 年美元價格計算，「十二五」期間中國經濟增長對世界經濟增長的年平均貢獻率高達 30.5%，高居全球第一，而 2016 年這一數字進一步提高到 33.2%[1]。中國經濟增長對其他國家的溢出效應，首先通過進出口的方式，造福其他國家。

一方面，從出口來說，過去 30 多年的經驗表明，中國經濟的快速發展，尤其是工業的快速進步，產生了大量物美價廉的工業產品，使許多國家的消費者能夠以較低的貨幣支出獲得較高的消費水準，在客觀上提高了這些國家消費者的福利水準。例如，有的輿論就認為，即

---

1 郭同欣：〈中國對世界經濟增長的貢獻不斷提高〉，《人民日報》2017 年 1 月 13 日第 9 版。

便是美國這樣高度發達的國家，其較為貧窮的人群通過消費中國的產品而保證生活水準不降低，而毫無疑問，這對非洲等工業發展落後、依賴進口來滿足日常工業產品需要的國家來說，中國出口的廉價工業品對提高當地人民的生活十分重要。當然，隨著中國經濟的持續發展，經濟轉型將逐步推進，這種大量出口廉價工業品的時代將逐步結束，而中國所出口的工業品技術含量、品質等都將逐步提升，但是卻有一個優勢保持不變，即價格優勢。中國目前出口的高新技術產品，普遍低於國外同等產品，部分產品的低廉程度甚至相當突出，這就使進口國家的人民能夠獲得相應的福利。在未來，中國經濟持續轉型發展和開放性經濟繼續推進，將有力地讓世界各國獲得具有價格優勢、技術優勢的產品，這無論對中國還是其他國家都是一種雙贏的選擇。

另一方面，從進口來說，中國進口快速提高的趨勢，無疑對其他國家的經濟發展是一個重大有利因素。進口能夠帶動出口國的就業，促進出口國的經濟增長，因此，中國進口的持續增加，無疑會有利於這些出口國家的經濟發展。中國貨物進口總額從 1978 年的 97.5 億美元提高到 2015 年的 22734.7 億美元，名義上增加了 232 倍，年均名義增長率高達 15.4%，如此高的增速，無疑會大大帶動相關國家的經濟發展。從中國進口占全球比重來看，僅僅在 2010 到 2015 年 5 年之內，中國貨物進口占全球的比重就從 9.1% 提高到 10.1%[1]，這也能反映出中國進口對全球經濟發展作用的快速提高。而在未來，隨著中國經濟的持續發展，進出口之間的平衡趨勢將逐步推進，進口的發展速度將

---

1 郭同欣：〈中國對世界經濟增長的貢獻不斷提高〉，《人民日報》2017 年 1 月 13 日第 9 版。

有望超過出口，這就意味著對其他國家經濟發展的拉動力進一步增強。從進口的貨物的結構來看，中國進口的商品中，部分初級農產品和能源、礦產資源以及高技術的設備等產品所占比重較高，這就意味著當前中國的進口對發展中國家和發達國家均有較強的帶動作用，未來隨著中國產業結構升級，一些勞動密集型農產品、資本密集型產品的比重可能會持續提高，這將更多地帶動發展中國家經濟發展，從而更好地造福這些國家。

二、中國企業「走出去」步伐不斷加快，推動各國經濟發展

隨著中國經濟持續發展，中國企業的資本實力不斷增加，「走出去」步伐正在不斷加速。進入 2000 年以來，中國的對外直接投資從極其微量迅速增加，根據《中國統計年鑑》的相關資料，中國對外直接投資最早從 2003 年開始，該年對外直接投資淨額為 28.5 億美元，而到 2015 年中國的對外直接投資淨額則達到 1456.7 億美元，短短 12 年提高了 50 倍，增速相當迅猛。到 2015 年年底，中國累計對外直接投資達到 10978.7 億美元。據《2015 年度中國對外直接投資統計公報》的相關資料，2015 年中國對外投資占全球的比重達到 9.9%，金額僅次於美國（3000 億美元），高居世界第二。實際上，中國已經成為資本淨出口國，即對外投資金額超過了利用外資金額，這表明中國對國際經濟發展的直接推動能力顯著增強。

中國對外直接投資的快速增長，將有力地促進相關國家的經濟發展和社會福利水準。據統計，2016 年中國企業的銷售額達到 1.5 萬

億美元，向所在國繳納稅費達到 400 億美元，帶動 150 萬人就業[1]。

具體來說，根據投資對象國的不同，可以分為兩種情況。一方面，對發展中國家尤其經濟特別落後國家的對外直接投資，往往是國內企業利用國外的廉價勞動力，發展勞動性密集產業。這些企業有力地提高了這些國家的就業，使這些國家的部分剩餘勞動力能夠轉化為產業工人，不但大大提高了這些工人及其家庭的生活水準，還有力帶動了所在國家的稅收增長及整體工業體系的完善，進而對這些國家擺脫落後狀態、啟動經濟快速發展引擎做出了貢獻。例如，在非洲國家埃塞俄比亞的中國工業園，目前就有多家中國製造企業，涉及製鞋、汽車組裝、水泥生產等多個行業。其中 2012 年就在此地投資也是該地最早投資的中國企業華堅鞋業已經成為該地最大的鞋業公司，僅此一家企業就在當地解決了 2000 多人的就業問題，同時帶動了當地皮革加工、運輸、物流、農場等多個行業的發展，間接創造了更大的經濟和社會效益。[2] 同時，中國企業的投資，給這些地區帶去了先進的管理經驗、市場文化，這些投資所產生的溢出效應，無疑會對當地企業發展創造有利條件。

另一方面，中國在發達國家的投資，在一定程度上是注重利用發達國家的智力、技術、品牌等，這對中國經濟發展有利，對發達國家來說，這也是雙贏的。被中國企業兼併的發達國家企業，多數屬於經

---

1 〈中國企業在「一帶一路」建設中帶動了當地經濟社會發展〉，http：//www.scio. gov.cn/xwfbh/xwbfbh/wqfbh/35861/36637/zy36641/Document/1551327/1551327. htm，2017 年 5 月 10 日。

2 〈中國企業對非投資合作步伐加快〉，《經濟日報》2015 年 12 月 3 日第 4 版。

營面臨困境或者瀕臨破產的企業，這時候中國企業的投資，將保住這一企業存在，從而避免了因為企業倒閉產生的失業及其他一系列負面影響，從而有利於投資對象國的經濟發展。

毫無疑問，中國企業「走出去」對投資對象國經濟發展大有裨益。中國企業「走出去」完全是本著合作共贏的原則，絕沒有像部分發達國家那樣投資具有其他目的，而中國投資的很多國家和專案，是發達國家企業不願意投資的，在投資過程中需要花費大量的時間、資金和精力用於維護投資項目的前期運作，其中就包括投資當地的基礎設施等，看似不該屬於企業負責的項目。因此，中國企業的投資和國家的殖民地式投資有著天壤之別，不僅有力促進了當地人民的生活便利，提高了人民的收入，而且沒有任何附帶條件。

三、中國將承擔越來越多力所能及的國際責任，有利於全球人民利益

隨著中國在各方面持續快速發展，綜合國力不斷增強，中國將承擔越來越多力所能及的國際責任，而這將有利於全球人民福祉的增加，並為構建人類命運體做出更大貢獻。

一方面，中國國力的持續提升，使中國有能力為貧窮國家及其他各項國際公益事業提供更大的資金支持或者援助。根據國務院辦公室2014年7月10日發表的《中國的對外援助》白皮書，中國在2010到2012年對外援助金額為893.4億元人民幣，主要包括無償援助、無息貸款和優惠貸款3種方式，用以支援受援國的各種社會福利項目、緊急人道主義援助以及具有社會效益的經濟項目等，援助以成套專案

建設和物資援助為主要方式，技術合作和人力資源開發合作等方式迅速增長。通過相關援助，在一定程度上促進了受援國農業、醫療、教育、衛生等公共事業水準的提高，經濟發展領域基礎設施水準提高、發展能力改善、環境保護水準的提升等。[1] 整體來看，隨著中國經濟繼續發展，中國對外援助能力將繼續提升，發展中國家將更多從中國發展中受益。

另一方面，中國在維護世界和平與穩定方面將發揮更大作用。盡管和平與發展是世界發展的主旋律，但是世界範圍內各種爭端及戰爭不斷，給所在地區的人民造成了深重的災難。隨著中國的國力不斷增強，將有更大的能力維護世界和平與穩定。中國參與國際事務，秉持共商共建共用的理念，宣導國際關係民主化，這與現在一些資本主義大國所持有的全球治理觀念存在本質區別。很大程度上，世界部分地區的戰亂就是由於部分資本主義大國干涉所導致，而中國則是真心真意謀求全球和平與發展，這無疑會給全球帶來正義力量，廣大發展中國家將從中受益。

---

1 〈中國的對外援助（2014）〉，http：//www.gov.cn/zhengce/2014-07/10/content_ 2715467.htm，2014 年 7 月 10 日。

附錄

決勝全面建成小康社會奪取新時代中國特色
社會主義偉大勝利

——在中國共產黨第十九次全國代表大會上的報告

（2017年10月18日）習近平

同志們：

現在，我代表第十八屆中央委員會向大會作報告。中國共產黨第十九次全國代表大會，是在全面建成小康社會決勝階段、中國特色社會主義進入新時代的關鍵時期召開的一次十分重要的大會。

大會的主題是：不忘初心，牢記使命，高舉中國特色社會主義偉大旗幟，決勝全面建成小康社會，奪取新時代中國特色社會主義偉大勝利，為實現中華民族偉大復興的中國夢不懈奮鬥。

不忘初心，方得始終。中國共產黨人的初心和使命，就是為中國人民謀幸福，為中華民族謀復興。這個初心和使命是激勵中國共產黨人不斷前進的根本動力。全黨同志一定要永遠與人民同呼吸、共命運、心連心，永遠把人民對美好生活的嚮往作為奮鬥目標，以永不懈

怠的精神狀態和一往無前的奮鬥姿態，繼續朝著實現中華民族偉大復興的宏偉目標奮勇前進。

當前，國內外形勢正在發生深刻複雜變化，我國發展仍處於重要戰略機遇期，前景十分光明，挑戰也十分嚴峻。全黨同志一定要登高望遠、居安思危，勇於變革、勇於創新，永不僵化、永不停滯，團結帶領全國各族人民決勝全面建成小康社會，奮力奪取新時代中國特色社會主義偉大勝利。

一、過去五年的工作和歷史性變革

十八大以來的五年，是黨和國家發展進程中極不平凡的五年。面對世界經濟復蘇乏力、局部衝突和動盪頻發、全球性問題加劇的外部環境，面對我國經濟發展進入新常態等一系列深刻變化，我們堅持穩中求進工作總基調，迎難而上，開拓進取，取得了改革開放和社會主義現代化建設的歷史性成就。

為貫徹十八大精神，黨中央召開七次全會，分別就政府機構改革和職能轉變、全面深化改革、全面推進依法治國、制定「十三五」規劃、全面從嚴治黨等重大問題作出決定和部署。五年來，我們統籌推進「五位一體」總體佈局、協調推進「四個全面」戰略佈局，「十二五」規劃勝利完成，「十三五」規劃順利實施，黨和國家事業全面開創新局面。

經濟建設取得重大成就。堅定不移貫徹新發展理念，堅決端正發展觀念、轉變發展方式，發展品質和效益不斷提升。經濟保持中高速增長，在世界主要國家中名列前茅，國內生產總值從五十四萬億元增

長到八十萬億元，穩居世界第二，對世界經濟增長貢獻率超過百分之三十。供給側結構性改革深入推進，經濟結構不斷優化，數位經濟等新興產業蓬勃發展，高鐵、公路、橋樑、港口、機場等基礎設施建設快速推進。農業現代化穩步推進，糧食生產能力達到一萬二千億斤。城鎮化率年均提高一點二個百分點，八千多萬農業轉移人口成為城鎮居民。區域發展協調性增強，「一帶一路」建設、京津冀協同發展、長江經濟帶發展成效顯著。創新驅動發展戰略大力實施，創新型國家建設成果豐碩，天宮、蛟龍、天眼、悟空、墨子、大飛機等重大科技成果相繼問世。南海島礁建設積極推進。開放型經濟新體制逐步健全，對外貿易、對外投資、外匯儲備穩居世界前列。

全面深化改革取得重大突破。蹄疾步穩推進全面深化改革，堅決破除各方面體制機制弊端。改革全面發力、多點突破、縱深推進，著力增強改革系統性、整體性、協同性，壓茬拓展改革廣度和深度，推出一千五百多項改革舉措，重要領域和關鍵環節改革取得突破性進展，主要領域改革主體框架基本確立。中國特色社會主義制度更加完善，國家治理體系和治理能力現代化水準明顯提高，全社會發展活力和創新活力明顯增強。

民主法治建設邁出重大步伐。積極發展社會主義民主政治，推進全面依法治國，黨的領導、人民當家作主、依法治國有機統一的制度建設全面加強，黨的領導體制機制不斷完善，社會主義民主不斷發展，黨內民主更加廣泛，社會主義協商民主全面展開，愛國統一戰線鞏固發展，民族宗教工作創新推進。科學立法、嚴格執法、公正司法、全民守法深入推進，法治國家、法治政府、法治社會建設相互促進，中國特色社會主義法治體系日益完善，全社會法治觀念明顯增強。

國家監察體制改革試點取得實效，行政體制改革、司法體制改革、權力運行制約和監督體系建設有效實施。

思想文化建設取得重大進展。加強黨對意識形態工作的領導，黨的理論創新全面推進，馬克思主義在意識形態領域的指導地位更加鮮明，中國特色社會主義和中國夢深入人心，社會主義核心價值觀和中華優秀傳統文化廣泛弘揚，群眾性精神文明創建活動扎實開展。公共文化服務水準不斷提高，文藝創作持續繁榮，文化事業和文化產業蓬勃發展，互聯網建設管理運用不斷完善，全民健身和競技體育全面發展。主旋律更加響亮，正能量更加強勁，文化自信得到彰顯，國家文化軟實力和中華文化影響力大幅提升，全黨全社會思想上的團結統一更加鞏固。

人民生活不斷改善。深入貫徹以人民為中心的發展思想，一大批惠民舉措落地實施，人民獲得感顯著增強。脫貧攻堅戰取得決定性進展，六千多萬貧困人口穩定脫貧，貧困發生率從百分之十點二下降到百分之四以下。教育事業全面發展，中西部和農村教育明顯加強。就業狀況持續改善，城鎮新增就業年均一千三百萬人以上。城鄉居民收入增速超過經濟增速，中等收入群體持續擴大。覆蓋城鄉居民的社會保障體系基本建立，人民健康和醫療衛生水準大幅提高，保障性住房建設穩步推進。社會治理體系更加完善，社會大局保持穩定，國家安全全面加強。

生態文明建設成效顯著。大力度推進生態文明建設，全黨全國貫徹綠色發展理念的自覺性和主動性顯著增強，忽視生態環境保護的狀況明顯改變。生態文明制度體系加快形成，主體功能區制度逐步健全，國家公園體制試點積極推進。全面節約資源有效推進，能源資源

消耗強度大幅下降。重大生態保護和修復工程進展順利,森林覆蓋率持續提高。生態環境治理明顯加強,環境狀況得到改善。引導應對氣候變化國際合作,成為全球生態文明建設的重要參與者、貢獻者、引領者。強軍興軍開創新局面。著眼于實現中國夢強軍夢,制定新形勢下軍事戰略方針,全力推進國防和軍隊現代化。召開古田全軍政治工作會議,恢復和發揚我黨我軍光榮傳統和優良作風,人民軍隊政治生態得到有效治理。國防和軍隊改革取得歷史性突破,形成軍委管總、戰區主戰、軍種主建新格局,人民軍隊組織架構和力量體系實現革命性重塑。加強練兵備戰,有效遂行海上維權、反恐維穩、搶險救災、國際維和、亞丁灣護航、人道主義救援等重大任務,武器裝備加快發展,軍事鬥爭準備取得重大進展。人民軍隊在中國特色強軍之路上邁出堅定步伐。

港澳臺工作取得新進展。全面準確貫徹「一國兩制」方針,牢牢掌握憲法和基本法賦予的中央對香港、澳門全面管治權,深化內地和港澳地區交流合作,保持香港、澳門繁榮穩定。堅持一個中國原則和「九二共識」,推動兩岸關係和平發展,加強兩岸經濟文化交流合作,實現兩岸領導人歷史性會晤。妥善應對臺灣局勢變化,堅決反對和遏制「臺獨」分裂勢力,有力維護臺海和平穩定。

全方位外交佈局深入展開。全面推進中國特色大國外交,形成全方位、多層次、立體化的外交佈局,為我國發展營造了良好外部條件。實施共建「一帶一路」倡議,發起創辦亞洲基礎設施投資銀行,設立絲路基金,舉辦首屆「一帶一路」國際合作高峰論壇、亞太經合組織領導人非正式會議、二十國集團領導人杭州峰會、金磚國家領導人廈門會晤、亞信峰會。宣導構建人類命運共同體,促進全球治理體系變

革。我國國際影響力、感召力、塑造力進一步提高，為世界和平與發展作出新的重大貢獻。

全面從嚴治黨成效卓著。全面加強黨的領導和黨的建設，堅決改變管黨治黨寬鬆軟狀況。推動全黨尊崇黨章，增強政治意識、大局意識、核心意識、看齊意識，堅決維護黨中央權威和集中統一領導，嚴明黨的政治紀律和政治規矩，層層落實管黨治黨政治責任。堅持照鏡子、正衣冠、洗洗澡、治治病的要求，開展黨的群眾路線教育實踐活動和「三嚴三實」專題教育，推進「兩學一做」學習教育常態化制度化，全黨理想信念更加堅定、黨性更加堅強。貫徹新時期好幹部標准，選人用人狀況和風氣明顯好轉。黨的建設制度改革深入推進，黨內法規制度體系不斷完善。把紀律挺在前面，著力解決人民群眾反映最強烈、對黨的執政基礎威脅最大的突出問題。出臺中央八項規定，嚴属整治形式主義、官僚主義、享樂主義和奢靡之風，堅決反對特權。巡視利劍作用彰顯，實現中央和省級黨委巡視全覆蓋。堅持反腐敗無禁區、全覆蓋、零容忍，堅定不移「打虎」「拍蠅」「獵狐」，不敢腐的目標初步實現，不能腐的籠子越紮越牢，不想腐的堤壩正在構築，反腐敗鬥爭壓倒性態勢已經形成並鞏固發展。

五年來的成就是全方位的、開創性的，五年來的變革是深層次的、根本性的。五年來，我們黨以巨大的政治勇氣和強烈的責任擔當，提出一系列新理念新思想新戰略，出臺一系列重大方針政策，推出一系列重大舉措，推進一系列重大工作，解決了許多長期想解決而沒有解決的難題，辦成了許多過去想辦而沒有辦成的大事，推動黨和國家事業發生歷史性變革。這些歷史性變革，對黨和國家事業發展具有重大而深遠的影響。

目標

　　五年來，我們勇於面對黨面臨的重大風險考驗和黨內存在的突出問題，以頑強意志品質正風肅紀、反腐懲惡，消除了黨和國家內部存在的嚴重隱患，黨內政治生活氣象更新，黨內政治生態明顯好轉，黨的創造力、凝聚力、戰鬥力顯著增強，黨的團結統一更加鞏固，黨群關係明顯改善，黨在革命性鍛造中更加堅強，煥發出新的強大生機活力，為黨和國家事業發展提供了堅強政治保證。

　　同時，必須清醒看到，我們的工作還存在許多不足，也面臨不少困難和挑戰。主要是：發展不平衡不充分的一些突出問題尚未解決，發展品質和效益還不高，創新能力不夠強，實體經濟水準有待提高，生態環境保護任重道遠；民生領域還有不少短板，脫貧攻堅任務艱巨，城鄉區域發展和收入分配差距依然較大，群眾在就業、教育、醫療、居住、養老等方面面臨不少難題；社會文明水準尚需提高；社會矛盾和問題交織疊加，全面依法治國任務依然繁重，國家治理體系和治理能力有待加強；意識形態領域鬥爭依然複雜，國家安全面臨新情況；一些改革部署和重大政策措施需要進一步落實；黨的建設方面還存在不少薄弱環節。這些問題，必須著力加以解決。

　　五年來的成就，是黨中央堅強領導的結果，更是全黨全國各族人民共同奮鬥的結果。我代表中共中央，向全國各族人民，向各民主黨派、各人民團體和各界愛國人士，向香港特別行政區同胞、澳門特別行政區同胞和臺灣同胞以及廣大僑胞，向關心和支援中國現代化建設的各國朋友，表示衷心的感謝！

　　同志們！改革開放之初，我們黨發出了走自己的路、建設中國特色社會主義的偉大號召。從那時以來，我們黨團結帶領全國各族人民不懈奮鬥，推動我國經濟實力、科技實力、國防實力、綜合國力進入

世界前列，推動我國國際地位實現前所未有的提升，黨的面貌、國家的面貌、人民的面貌、軍隊的面貌、中華民族的面貌發生了前所未有的變化，中華民族正以嶄新姿態屹立於世界的東方。經過長期努力，中國特色社會主義進入了新時代，這是我國發展新的歷史方位。中國特色社會主義進入新時代，意味著近代以來久經磨難的中華民族迎來了從站起來、富起來到強起來的偉大飛躍，迎來了實現中華民族偉大復興的光明前景；意味著科學社會主義在二十一世紀的中國煥發出強大生機活力，在世界上高高舉起了中國特色社會主義偉大旗幟；意味著中國特色社會主義道路、理論、制度、文化不斷發展，拓展了發展中國家走向現代化的途徑，給世界上那些既希望加快發展又希望保持自身獨立性的國家和民族提供了全新選擇，為解決人類問題貢獻了中國智慧和中國方案。

這個新時代，是承前啟後、繼往開來、在新的歷史條件下繼續奪取中國特色社會主義偉大勝利的時代，是決勝全面建成小康社會、進而全面建設社會主義現代化強國的時代，是全國各族人民團結奮鬥、不斷創造美好生活、逐步實現全體人民共同富裕的時代，是全體中華兒女勠力同心、奮力實現中華民族偉大復興中國夢的時代，是我國日益走近世界舞臺中央、不斷為人類作出更大貢獻的時代。

中國特色社會主義進入新時代，我國社會主要矛盾已經轉化為人民日益增長的美好生活需要和不平衡不充分的發展之間的矛盾。我國穩定解決了十幾億人的溫飽問題，總體上實現小康，不久將全面建成小康社會，人民美好生活需要日益廣泛，不僅對物質文化生活提出了更高要求，而且在民主、法治、公平、正義、安全、環境等方面的要求日益增長。同時，我國社會生產力水準總體上顯著提高，社會生

產能力在很多方面進入世界前列，更加突出的問題是發展不平衡不充
分，這已經成為滿足人民日益增長的美好生活需要的主要制約因素。
必須認識到，我國社會主要矛盾的變化是關係全域的歷史性變化，對
黨和國家工作提出了許多新要求。我們要在繼續推動發展的基礎上，
著力解決好發展不平衡不充分問題，大力提升發展品質和效益，更好
滿足人民在經濟、政治、文化、社會、生態等方面日益增長的需要，
更好推動人的全面發展、社會全面進步。

必須認識到，我國社會主要矛盾的變化，沒有改變我們對我國社
會主義所處歷史階段的判斷，我國仍處於並將長期處於社會主義初級
階段的基本國情沒有變，我國是世界最大發展中國家的國際地位沒有
變。全黨要牢牢把握社會主義初級階段這個基本國情，牢牢立足社會
主義初級階段這個最大實際，牢牢堅持黨的基本路線這個黨和國家的
生命線、人民的幸福線，領導和團結全國各族人民，以經濟建設為中
心，堅持四項基本原則，堅持改革開放，自力更生，艱苦創業，為把
我國建設成為富強民主文明和諧美麗的社會主義現代化強國而奮鬥。

同志們！中國特色社會主義進入新時代，在中華人民共和國發展
史上、中華民族發展史上具有重大意義，在世界社會主義發展史上、
人類社會發展史上也具有重大意義。全黨要堅定信心、奮發有為，讓
中國特色社會主義展現出更加強大的生命力！

二、新時代中國共產黨的歷史使命

一百年前，十月革命一聲炮響，給中國送來了馬克思列寧主義。
中國先進分子從馬克思列寧主義的科學真理中看到了解決中國問題的

出路。在近代以後中國社會的劇烈運動中，在中國人民反抗封建統治和外來侵略的激烈鬥爭中，在馬克思列寧主義同中國工人運動的結合過程中，一九二一年中國共產黨應運而生。從此，中國人民謀求民族獨立、人民解放和國家富強、人民幸福的鬥爭就有了主心骨，中國人民就從精神上由被動轉為主動。

中華民族有五千多年的文明歷史，創造了燦爛的中華文明，為人類作出了卓越貢獻，成為世界上偉大的民族。鴉片戰爭後，中國陷入內憂外患的黑暗境地，中國人民經歷了戰亂頻仍、山河破碎、民不聊生的深重苦難。為了民族復興，無數仁人志士不屈不撓、前仆後繼，進行了可歌可泣的鬥爭，進行了各式各樣的嘗試，但終究未能改變舊中國的社會性質和中國人民的悲慘命運。

實現中華民族偉大復興是近代以來中華民族最偉大的夢想。中國共產黨一經成立，就把實現共產主義作為黨的最高理想和最終目標，義無反顧肩負起實現中華民族偉大復興的歷史使命，團結帶領人民進行了艱苦卓絕的鬥爭，譜寫了氣吞山河的壯麗史詩。

我們黨深刻認識到，實現中華民族偉大復興，必須推翻壓在中國人民頭上的帝國主義、封建主義、官僚資本主義三座大山，實現民族獨立、人民解放、國家統一、社會穩定。我們黨團結帶領人民找到了一條以農村包圍城市、武裝奪取政權的正確革命道路，進行了二十八年浴血奮戰，完成了新民主主義革命，一九四九年建立了中華人民共和國，實現了中國從幾千年封建專制政治向人民民主的偉大飛躍。

我們黨深刻認識到，實現中華民族偉大復興，必須建立符合我國實際的先進社會制度。我們黨團結帶領人民完成社會主義革命，確立社會主義基本制度，推進社會主義建設，完成了中華民族有史以來最

為廣泛而深刻的社會變革，為當代中國一切發展進步奠定了根本政治前提和制度基礎，實現了中華民族由近代不斷衰落到根本扭轉命運、持續走向繁榮富強的偉大飛躍。

我們黨深刻認識到，實現中華民族偉大復興，必須合乎時代潮流、順應人民意願，勇於改革開放，讓黨和人民事業始終充滿奮勇前進的強大動力。我們黨團結帶領人民進行改革開放新的偉大革命，破除阻礙國家和民族發展的一切思想和體制障礙，開闢了中國特色社會主義道路，使中國大踏步趕上時代。

九十六年來，為了實現中華民族偉大復興的歷史使命，無論是弱小還是強大，無論是順境還是逆境，我們黨都初心不改、矢志不渝，團結帶領人民歷經千難萬險，付出巨大犧牲，敢於面對曲折，勇於修正錯誤，攻克了一個又一個看似不可攻克的難關，創造了一個又一個彪炳史冊的人間奇跡。

同志們！今天，我們比歷史上任何時期都更接近、更有信心和能力實現中華民族偉大復興的目標。

行百里者半九十。中華民族偉大復興，絕不是輕輕鬆鬆、敲鑼打鼓就能實現的。全黨必須準備付出更為艱巨、更為艱苦的努力。

實現偉大夢想，必須進行偉大鬥爭。社會是在矛盾運動中前進的，有矛盾就會有鬥爭。我們黨要團結帶領人民有效應對重大挑戰、抵禦重大風險、克服重大阻力、解決重大矛盾，必須進行具有許多新的歷史特點的偉大鬥爭，任何貪圖享受、消極懈怠、回避矛盾的思想和行為都是錯誤的。全黨要更加自覺地堅持黨的領導和我國社會主義制度，堅決反對一切削弱、歪曲、否定黨的領導和我國社會主義制度的言行；更加自覺地維護人民利益，堅決反對一切損害人民利益、脫

離群眾的行為；更加自覺地投身改革創新時代潮流，堅決破除一切頑瘴痼疾；更加自覺地維護我國主權、安全、發展利益，堅決反對一切分裂祖國、破壞民族團結和社會和諧穩定的行為；更加自覺地防範各種風險，堅決戰勝一切在政治、經濟、文化、社會等領域和自然界出現的困難和挑戰。全黨要充分認識這場偉大鬥爭的長期性、複雜性、艱巨性，發揚鬥爭精神，提高鬥爭本領，不斷奪取偉大鬥爭新勝利。

實現偉大夢想，必須建設偉大工程。這個偉大工程就是我們黨正在深入推進的黨的建設新的偉大工程。歷史已經並將繼續證明，沒有中國共產黨的領導，民族復興必然是空想。我們黨要始終成為時代先鋒、民族脊梁，始終成為馬克思主義執政黨，自身必須始終過硬。全黨要更加自覺地堅定黨性原則，勇於直面問題，敢於刮骨療毒，消除一切損害黨的先進性和純潔性的因素，清除一切侵蝕黨的健康肌體的病毒，不斷增強黨的政治領導力、思想引領力、群眾組織力、社會號召力，確保我們黨永葆旺盛生命力和強大戰鬥力。

實現偉大夢想，必須推進偉大事業。中國特色社會主義是改革開放以來黨的全部理論和實踐的主題，是黨和人民歷盡千辛萬苦、付出巨大代價取得的根本成就。中國特色社會主義道路是實現社會主義現代化、創造人民美好生活的必由之路，中國特色社會主義理論體系是指導黨和人民實現中華民族偉大復興的正確理論，中國特色社會主義制度是當代中國發展進步的根本制度保障，中國特色社會主義文化是激勵全黨全國各族人民奮勇前進的強大精神力量。全黨要更加自覺地增強道路自信、理論自信、制度自信、文化自信，既不走封閉僵化的老路，也不走改旗易幟的邪路，保持政治定力，堅持實幹興邦，始終堅持和發展中國特色社會主義。

偉大鬥爭，偉大工程，偉大事業，偉大夢想，緊密聯繫、相互貫通、相互作用，其中起決定性作用的是黨的建設新的偉大工程。推進偉大工程，要結合偉大鬥爭、偉大事業、偉大夢想的實踐來進行，確保黨在世界形勢深刻變化的歷史進程中始終走在時代前列，在應對國內外各種風險和考驗的歷史進程中始終成為全國人民的主心骨，在堅持和發展中國特色社會主義的歷史進程中始終成為堅強領導核心。

同志們！使命呼喚擔當，使命引領未來。我們要不負人民重托、無愧歷史選擇，在新時代中國特色社會主義的偉大實踐中，以黨的堅強領導和頑強奮鬥，激勵全體中華兒女不斷奮進，凝聚起同心共築中國夢的磅礴力量！

三、新時代中國特色社會主義思想和基本方略

十八大以來，國內外形勢變化和我國各項事業發展都給我們提出了一個重大時代課題，這就是必須從理論和實踐結合上系統回答新時代堅持和發展什麼樣的中國特色社會主義、怎樣堅持和發展中國特色社會主義，包括新時代堅持和發展中國特色社會主義的總目標、總任務、總體佈局、戰略佈局和發展方向、發展方式、發展動力、戰略步驟、外部條件、政治保證等基本問題，並且要根據新的實踐對經濟、政治、法治、科技、文化、教育、民生、民族、宗教、社會、生態文明、國家安全、國防和軍隊、「一國兩制」和祖國統一、統一戰線、外交、黨的建設等各方面作出理論分析和政策指導，以利於更好堅持和發展中國特色社會主義。

圍繞這個重大時代課題，我們黨堅持以馬克思列寧主義、毛澤

東思想、鄧小平理論、「三個代表」重要思想、科學發展觀為指導，堅持解放思想、實事求是、與時俱進、求真務實，堅持辯證唯物主義和歷史唯物主義，緊密結合新的時代條件和實踐要求，以全新的視野深化對共產黨執政規律、社會主義建設規律、人類社會發展規律的認識，進行艱辛理論探索，取得重大理論創新成果，形成了新時代中國特色社會主義思想。

　　新時代中國特色社會主義思想，明確堅持和發展中國特色社會主義，總任務是實現社會主義現代化和中華民族偉大復興，在全面建成小康社會的基礎上，分兩步走在本世紀中葉建成富強民主文明和諧美麗的社會主義現代化強國；明確新時代我國社會主要矛盾是人民日益增長的美好生活需要和不平衡不充分的發展之間的矛盾，必須堅持以人民為中心的發展思想，不斷促進人的全面發展、全體人民共同富裕；明確中國特色社會主義事業總體佈局是「五位一體」、戰略佈局是「四個全面」，強調堅定道路自信、理論自信、制度自信、文化自信；明確全面深化改革總目標是完善和發展中國特色社會主義制度、推進國家治理體系和治理能力現代化；明確全面推進依法治國總目標是建設中國特色社會主義法治體系、建設社會主義法治國家；明確黨在新時代的強軍目標是建設一支聽黨指揮、能打勝仗、作風優良的人民軍隊，把人民軍隊建設成為世界一流軍隊；明確中國特色大國外交要推動構建新型國際關係，推動構建人類命運共同體；明確中國特色社會主義最本質的特徵是中國共產黨領導，中國特色社會主義制度的最大優勢是中國共產黨領導，黨是最高政治領導力量，提出新時代黨的建設總要求，突出政治建設在黨的建設中的重要地位。

　　新時代中國特色社會主義思想，是對馬克思列寧主義、毛澤東思

想、鄧小平理論、「三個代表」重要思想、科學發展觀的繼承和發展，是馬克思主義中國化最新成果，是黨和人民實踐經驗和集體智慧的結晶，是中國特色社會主義理論體系的重要組成部分，是全黨全國人民為實現中華民族偉大復興而奮鬥的行動指南，必須長期堅持並不斷發展。

全黨要深刻領會新時代中國特色社會主義思想的精神實質和豐富內涵，在各項工作中全面準確貫徹落實。

（一）堅持黨對一切工作的領導。黨政軍民學，東西南北中，黨是領導一切的。必須增強政治意識、大局意識、核心意識、看齊意識，自覺維護黨中央權威和集中統一領導，自覺在思想上政治上行動上同黨中央保持高度一致，完善堅持黨的領導的體制機制，堅持穩中求進工作總基調，統籌推進「五位一體」總體佈局，協調推進「四個全面」戰略佈局，提高黨把方向、謀大局、定政策、促改革的能力和定力，確保黨始終總攬全域、協調各方。

（二）堅持以人民為中心。人民是歷史的創造者，是決定黨和國家前途命運的根本力量。必須堅持人民主體地位，堅持立黨為公、執政為民，踐行全心全意為人民服務的根本宗旨，把黨的群眾路線貫徹到治國理政全部活動之中，把人民對美好生活的嚮往作為奮鬥目標，依靠人民創造歷史偉業。

（三）堅持全面深化改革。只有社會主義才能救中國，只有改革開放才能發展中國、發展社會主義、發展馬克思主義。必須堅持和完善中國特色社會主義制度，不斷推進國家治理體系和治理能力現代化，堅決破除一切不合時宜的思想觀念和體制機制弊端，突破利益固化的藩籬，吸收人類文明有益成果，構建系統完備、科學規範、運行

有效的制度體系，充分發揮我國社會主義制度優越性。

（四）堅持新發展理念。發展是解決我國一切問題的基礎和關鍵，發展必須是科學發展，必須堅定不移貫徹創新、協調、綠色、開放、共用的發展理念。必須堅持和完善我國社會主義基本經濟制度和分配制度，毫不動搖鞏固和發展公有制經濟，毫不動搖鼓勵、支持、引導非公有制經濟發展，使市場在資源配置中起決定性作用，更好發揮政府作用，推動新型工業化、資訊化、城鎮化、農業現代化同步發展，主動參與和推動經濟全球化進程，發展更高層次的開放型經濟，不斷壯大我國經濟實力和綜合國力。

（五）堅持人民當家作主。堅持黨的領導、人民當家作主、依法治國有機統一是社會主義政治發展的必然要求。必須堅持中國特色社會主義政治發展道路，堅持和完善人民代表大會制度、中國共產黨領導的多黨合作和政治協商制度、民族區域自治制度、基層群眾自治制度，鞏固和發展最廣泛的愛國統一戰線，發展社會主義協商民主，健全民主制度，豐富民主形式，拓寬民主管道，保證人民當家作主落實到國家政治生活和社會生活之中。

（六）堅持全面依法治國。全面依法治國是中國特色社會主義的本質要求和重要保障。必須把黨的領導貫徹落實到依法治國全過程和各方面，堅定不移走中國特色社會主義法治道路，完善以憲法為核心的中國特色社會主義法律體系，建設中國特色社會主義法治體系，建設社會主義法治國家，發展中國特色社會主義法治理論，堅持依法治國、依法執政、依法行政共同推進，堅持法治國家、法治政府、法治社會一體建設，堅持依法治國和以德治國相結合，依法治國和依規治黨有機統一，深化司法體制改革，提高全民族法治素養和道德素質。

（七）堅持社會主義核心價值體系。文化自信是一個國家、一個民族發展中更基本、更深沉、更持久的力量。必須堅持馬克思主義，牢固樹立共產主義遠大理想和中國特色社會主義共同理想，培育和踐行社會主義核心價值觀，不斷增強意識形態領域主導權和話語權，推動中華優秀傳統文化創造性轉化、創新性發展，繼承革命文化，發展社會主義先進文化，不忘本來、吸收外來、面向未來，更好構築中國精神、中國價值、中國力量，為人民提供精神指引。

（八）堅持在發展中保障和改善民生。增進民生福祉是發展的根本目的。必須多謀民生之利、多解民生之憂，在發展中補齊民生短板、促進社會公平正義，在幼有所育、學有所教、勞有所得、病有所醫、老有所養、住有所居、弱有所扶上不斷取得新進展，深入開展脫貧攻堅，保證全體人民在共建共用發展中有更多獲得感，不斷促進人的全面發展、全體人民共同富裕。建設平安中國，加強和創新社會治理，維護社會和諧穩定，確保國家長治久安、人民安居樂業。

（九）堅持人與自然和諧共生。建設生態文明是中華民族永續發展的千年大計。必須樹立和踐行綠水青山就是金山銀山的理念，堅持節約資源和保護環境的基本國策，像對待生命一樣對待生態環境，統籌山水林田湖草系統治理，實行最嚴格的生態環境保護制度，形成綠色發展方式和生活方式，堅定走生產發展、生活富裕、生態良好的文明發展道路，建設美麗中國，為人民創造良好生產生活環境，為全球生態安全作出貢獻。

（十）堅持總體國家安全觀。統籌發展和安全，增強憂患意識，做到居安思危，是我們黨治國理政的一個重大原則。必須堅持國家利益至上，以人民安全為宗旨，以政治安全為根本，統籌外部安全和內

部安全、國土安全和國民安全、傳統安全和非傳統安全、自身安全和共同安全，完善國家安全制度體系，加強國家安全能力建設，堅決維護國家主權、安全、發展利益。

（十一）堅持黨對人民軍隊的絕對領導。建設一支聽黨指揮、能打勝仗、作風優良的人民軍隊，是實現「兩個一百年」奮鬥目標、實現中華民族偉大復興的戰略支撐。必須全面貫徹黨領導人民軍隊的一系列根本原則和制度，確立新時代黨的強軍思想在國防和軍隊建設中的指導地位，堅持政治建軍、改革強軍、科技興軍、依法治軍，更加注重聚焦實戰，更加注重創新驅動，更加注重體系建設，更加注重集約高效，更加注重軍民融合，實現黨在新時代的強軍目標。

（十二）堅持「一國兩制」和推進祖國統一。保持香港、澳門長期繁榮穩定，實現祖國完全統一，是實現中華民族偉大復興的必然要求。必須把維護中央對香港、澳門特別行政區全面管治權和保障特別行政區高度自治權有機結合起來，確保「一國兩制」方針不會變、不動搖，確保「一國兩制」實踐不變形、不走樣。必須堅持一個中國原則，堅持「九二共識」，推動兩岸關係和平發展，深化兩岸經濟合作和文化往來，推動兩岸同胞共同反對一切分裂國家的活動，共同為實現中華民族偉大復興而奮鬥。

（十三）堅持推動構建人類命運共同體。中國人民的夢想同各國人民的夢想息息相通，實現中國夢離不開和平的國際環境和穩定的國際秩序。必須統籌國內國際兩個大局，始終不渝走和平發展道路、奉行互利共贏的開放戰略，堅持正確義利觀，樹立共同、綜合、合作、可持續的新安全觀，謀求開放創新、包容互惠的發展前景，促進和而不同、兼收並蓄的文明交流，構築尊崇自然、綠色發展的生態體系，

始終做世界和平的建設者、全球發展的貢獻者、國際秩序的維護者。

（十四）堅持全面從嚴治黨。勇於自我革命，從嚴管黨治黨，是我們黨最鮮明的品格。必須以黨章為根本遵循，把黨的政治建設擺在首位，思想建黨和制度治黨同向發力，統籌推進黨的各項建設，抓住「關鍵少數」，堅持「三嚴三實」，堅持民主集中制，嚴肅黨內政治生活，嚴明黨的紀律，強化黨內監督，發展積極健康的黨內政治文化，全面淨化黨內政治生態，堅決糾正各種不正之風，以零容忍態度懲治腐敗，不斷增強黨自我淨化、自我完善、自我革新、自我提高的能力，始終保持黨同人民群眾的血肉聯繫。

以上十四條，構成新時代堅持和發展中國特色社會主義的基本方略。全黨同志必須全面貫徹黨的基本理論、基本路線、基本方略，更好引領黨和人民事業發展。

實踐沒有止境，理論創新也沒有止境。世界每時每刻都在發生變化，中國也每時每刻都在發生變化，我們必須在理論上跟上時代，不斷認識規律，不斷推進理論創新、實踐創新、制度創新、文化創新以及其他各方面創新。

同志們！時代是思想之母，實踐是理論之源。只要我們善於聆聽時代聲音，勇於堅持真理、修正錯誤，二十一世紀中國的馬克思主義一定能夠展現出更強大、更有說服力的真理力量！

四、決勝全面建成小康社會，開啟全面建設社會主義現代化國家新征程

改革開放之後，我們黨對我國社會主義現代化建設作出戰略安

排，提出「三步走」戰略目標。解決人民溫飽問題、人民生活總體上達到小康水準這兩個目標已提前實現。在這個基礎上，我們黨提出，到建黨一百年時建成經濟更加發展、民主更加健全、科教更加進步、文化更加繁榮、社會更加和諧、人民生活更加殷實的小康社會，然後再奮鬥三十年，到新中國成立一百年時，基本實現現代化，把我國建成社會主義現代化國家。

從現在到二〇二〇年，是全面建成小康社會決勝期。要按照十六大、十七大、十八大提出的全面建成小康社會各項要求，緊扣我國社會主要矛盾變化，統籌推進經濟建設、政治建設、文化建設、社會建設、生態文明建設，堅定實施科教興國戰略、人才強國戰略、創新驅動發展戰略、鄉村振興戰略、區域協調發展戰略、可持續發展戰略、軍民融合發展戰略，突出抓重點、補短板、強弱項，特別是要堅決打好防範化解重大風險、精准脫貧、污染防治的攻堅戰，使全面建成小康社會得到人民認可、經得起歷史檢驗。

從十九大到二十大，是「兩個一百年」奮鬥目標的歷史交匯期。我們既要全面建成小康社會、實現第一個百年奮鬥目標，又要乘勢而上開啟全面建設社會主義現代化國家新征程，向第二個百年奮鬥目標進軍。

綜合分析國際國內形勢和我國發展條件，從二〇二〇年到本世紀中葉可以分兩個階段來安排。

第一個階段，從二〇二〇年到二〇三五年，在全面建成小康社會的基礎上，再奮鬥十五年，基本實現社會主義現代化。到那時，我國經濟實力、科技實力將大幅躍升，躋身創新型國家前列；人民平等參與、平等發展權利得到充分保障，法治國家、法治政府、法治社會基

215

本建成，各方面制度更加完善，國家治理體系和治理能力現代化基本實現；社會文明程度達到新的高度，國家文化軟實力顯著增強，中華文化影響更加廣泛深入；人民生活更為寬裕，中等收入群體比例明顯提高，城鄉區域發展差距和居民生活水準差距顯著縮小，基本公共服務均等化基本實現，全體人民共同富裕邁出堅實步伐；現代社會治理格局基本形成，社會充滿活力又和諧有序；生態環境根本好轉，美麗中國目標基本實現。

第二個階段，從二〇三五年到本世紀中葉，在基本實現現代化的基礎上，再奮鬥十五年，把我國建成富強民主文明和諧美麗的社會主義現代化強國。到那時，我國物質文明、政治文明、精神文明、社會文明、生態文明將全面提升，實現國家治理體系和治理能力現代化，成為綜合國力和國際影響力領先的國家，全體人民共同富裕基本實現，我國人民將享有更加幸福安康的生活，中華民族將以更加昂揚的姿態屹立於世界民族之林。

同志們！從全面建成小康社會到基本實現現代化，再到全面建成社會主義現代化強國，是新時代中國特色社會主義發展的戰略安排。我們要堅忍不拔、鍥而不捨，奮力譜寫社會主義現代化新征程的壯麗篇章！

五、貫徹新發展理念，建設現代化經濟體系

實現「兩個一百年」奮鬥目標、實現中華民族偉大復興的中國夢，不斷提高人民生活水準，必須堅定不移把發展作為黨執政興國的第一要務，堅持解放和發展社會生產力，堅持社會主義市場經濟改革方

向，推動經濟持續健康發展。

我國經濟已由高速增長階段轉向高品質發展階段，正處在轉變發展方式、優化經濟結構、轉換增長動力的攻關期，建設現代化經濟體系是跨越關口的迫切要求和我國發展的戰略目標。必須堅持品質第一、效益優先，以供給側結構性改革為主線，推動經濟發展品質變革、效率變革、動力變革，提高全要素生產率，著力加快建設實體經濟、科技創新、現代金融、人力資源協同發展的產業體系，著力構建市場機制有效、微觀主體有活力、宏觀調控有度的經濟體制，不斷增強我國經濟創新力和競爭力。

（一）深化供給側結構性改革。建設現代化經濟體系，必須把發展經濟的著力點放在實體經濟上，把提高供給體系品質作為主攻方向，顯著增強我國經濟品質優勢。加快建設製造強國，加快發展先進製造業，推動互聯網、大數據、人工智慧和實體經濟深度融合，在中高端消費、創新引領、綠色低碳、共用經濟、現代供應鏈、人力資本服務等領域培育新增長點、形成新動能。支持傳統產業優化升級，加快發展現代服務業，瞄準國際標準提高水準。促進我國產業邁向全球價值鏈中高端，培育若干世界級先進製造業集群。加強水利、鐵路、公路、水運、航空、管道、電網、資訊、物流等基礎設施網路建設。堅持去產能、去庫存、去杠杆、降成本、補短板，優化存量資源配置，擴大優質增量供給，實現供需動態平衡。激發和保護企業家精神，鼓勵更多社會主體投身創新創業。建設知識型、技能型、創新型勞動者大軍，弘揚勞模精神和工匠精神，營造勞動光榮的社會風尚和精益求精的敬業風氣。

（二）加快建設創新型國家。創新是引領發展的第一動力，是建

設現代化經濟體系的戰略支撐。要瞄準世界科技前沿，強化基礎研究，實現前瞻性基礎研究、引領性原創成果重大突破。加強應用基礎研究，拓展實施國家重大科技專案，突出關鍵共性技術、前沿引領技術、現代工程技術、顛覆性技術創新，為建設科技強國、品質強國、航天強國、網路強國、交通強國、數位中國、智慧社會提供有力支撐。加強國家創新體系建設，強化戰略科技力量。深化科技體制改革，建立以企業為主體、市場為導向、產學研深度融合的技術創新體系，加強對中小企業創新的支援，促進科技成果轉化。宣導創新文化，強化智慧財產權創造、保護、運用。培養造就一大批具有國際水準的戰略科技人才、科技領軍人才、青年科技人才和高水準創新團隊。

（三）實施鄉村振興戰略。農業農村農民問題是關係國計民生的根本性問題，必須始終把解決好「三農」問題作為全黨工作重中之重。要堅持農業農村優先發展，按照產業興旺、生態宜居、鄉風文明、治理有效、生活富裕的總要求，建立健全城鄉融合發展體制機制和政策體系，加快推進農業農村現代化。鞏固和完善農村基本經營制度，深化農村土地制度改革，完善承包地「三權」分置制度。保持土地承包關係穩定並長久不變，第二輪土地承包到期後再延長三十年。深化農村集體產權制度改革，保障農民財產權益，壯大集體經濟。確保國家糧食安全，把中國人的飯碗牢牢端在自己手中。構建現代農業產業體系、生產體系、經營體系，完善農業支持保護制度，發展多種形式適度規模經營，培育新型農業經營主體，健全農業社會化服務體系，實現小農戶和現代農業發展有機銜接。促進農村一二三產業融合發展，支持和鼓勵農民就業創業，拓寬增收管道。加強農村基層基礎工作，健全自治、法治、德治相結合的鄉村治理體系。培養造就一支懂農

業、愛農村、愛農民的「三農」工作隊伍。

（四）實施區域協調發展戰略。加大力度支持革命老區、民族地區、邊疆地區、貧困地區加快發展，強化舉措推進西部大開發形成新格局，深化改革加快東北等老工業基地振興，發揮優勢推動中部地區崛起，創新引領率先實現東部地區優化發展，建立更加有效的區域協調發展新機制。以城市群為主體構建大中小城市和小城鎮協調發展的城鎮格局，加快農業轉移人口市民化。以疏解北京非首都功能為「牛鼻子」推動京津冀協同發展，高起點規劃、高標準建設雄安新區。以共抓大保護、不搞大開發為導向推動長江經濟帶發展。支持資源型地區經濟轉型發展。加快邊疆發展，確保邊疆鞏固、邊境安全。堅持陸海統籌，加快建設海洋強國。

（五）加快完善社會主義市場經濟體制。經濟體制改革必須以完善產權制度和要素市場化配置為重點，實現產權有效激勵、要素自由流動、價格反應靈活、競爭公平有序、企業優勝劣汰。要完善各類國有資產管理體制，改革國有資本授權經營體制，加快國有經濟佈局優化、結構調整、戰略性重組，促進國有資產保值增值，推動國有資本做強做優做大，有效防止國有資產流失。深化國有企業改革，發展混合所有制經濟，培育具有全球競爭力的世界一流企業。全面實施市場准入負面清單制度，清理廢除妨礙統一市場和公平競爭的各種規定和做法，支援民營企業發展，激發各類市場主體活力。深化商事制度改革，打破行政性壟斷，防止市場壟斷，加快要素價格市場化改革，放寬服務業准入限制，完善市場監管體制。創新和完善宏觀調控，發揮國家發展規劃的戰略導向作用，健全財政、貨幣、產業、區域等經濟政策協調機制。完善促進消費的體制機制，增強消費對經濟發展的基

礎性作用。深化投融資體制改革，發揮投資對優化供給結構的關鍵性作用。加快建立現代財政制度，建立權責清晰、財力協調、區域均衡的中央和地方財政關係。建立全面規範透明、標準科學、約束有力的預算制度，全面實施績效管理。深化稅收制度改革，健全地方稅體系。深化金融體制改革，增強金融服務實體經濟能力，提高直接融資比重，促進多層次資本市場健康發展。健全貨幣政策和宏觀審慎政策雙支柱調控框架，深化利率和匯率市場化改革。健全金融監管體系，守住不發生系統性金融風險的底線。

（六）推動形成全面開放新格局。開放帶來進步，封閉必然落後。中國開放的大門不會關閉，只會越開越大。要以「一帶一路」建設為重點，堅持引進來和走出去並重，遵循共商共建共用原則，加強創新能力開放合作，形成陸海內外聯動、東西雙向互濟的開放格局。拓展對外貿易，培育貿易新業態新模式，推進貿易強國建設。實行高水準的貿易和投資自由化便利化政策，全面實行准入前國民待遇加負面清單管理制度，大幅度放寬市場准入，擴大服務業對外開放，保護外商投資合法權益。凡是在我國境內註冊的企業，都要一視同仁、平等對待。優化區域開放佈局，加大西部開放力度。賦予自由貿易試驗區更大改革自主權，探索建設自由貿易港。創新對外投資方式，促進國際產能合作，形成面向全球的貿易、投融資、生產、服務網路，加快培育國際經濟合作和競爭新優勢。

同志們！解放和發展社會生產力，是社會主義的本質要求。我們要激發全社會創造力和發展活力，努力實現更高品質、更有效率、更加公平、更可持續的發展！

六、健全人民當家作主制度體系，發展社會主義民主政治

我國是工人階級領導的、以工農聯盟為基礎的人民民主專政的社會主義國家，國家一切權力屬於人民。我國社會主義民主是維護人民根本利益的最廣泛、最真實、最管用的民主。發展社會主義民主政治就是要體現人民意志、保障人民權益、激發人民創造活力，用制度體系保證人民當家作主。中國特色社會主義政治發展道路，是近代以來中國人民長期奮鬥歷史邏輯、理論邏輯、實踐邏輯的必然結果，是堅持黨的本質屬性、踐行黨的根本宗旨的必然要求。世界上沒有完全相同的政治制度模式，政治制度不能脫離特定社會政治條件和歷史文化傳統來抽象評判，不能定於一尊，不能生搬硬套外國政治制度模式。要長期堅持、不斷發展我國社會主義民主政治，積極穩妥推進政治體制改革，推進社會主義民主政治制度化、規範化、程式化，保證人民依法通過各種途徑和形式管理國家事務，管理經濟文化事業，管理社會事務，鞏固和發展生動活潑、安定團結的政治局面。

（一）堅持黨的領導、人民當家作主、依法治國有機統一。黨的領導是人民當家作主和依法治國的根本保證，人民當家作主是社會主義民主政治的本質特徵，依法治國是黨領導人民治理國家的基本方式，三者統一於我國社會主義民主政治偉大實踐。在我國政治生活中，黨是居於領導地位的，加強黨的集中統一領導，支持人大、政府、政協和法院、檢察院依法依章程履行職能、開展工作、發揮作用，這兩個方面是統一的。要改進黨的領導方式和執政方式，保證黨領導人民有效治理國家；擴大人民有序政治參與，保證人民依法實行民主選舉、民主協商、民主決策、民主管理、民主監督；維護國家法

制統一、尊嚴、權威，加強人權法治保障，保證人民依法享有廣泛權利和自由。鞏固基層政權，完善基層民主制度，保障人民知情權、參與權、表達權、監督權。健全依法決策機制，構建決策科學、執行堅決、監督有力的權力運行機制。各級領導幹部要增強民主意識，發揚民主作風，接受人民監督，當好人民公僕。

（二）加強人民當家作主制度保障。人民代表大會制度是堅持黨的領導、人民當家作主、依法治國有機統一的根本政治制度安排，必須長期堅持、不斷完善。要支持和保證人民通過人民代表大會行使國家權力。發揮人大及其常委會在立法工作中的主導作用，健全人大組織制度和工作制度，支持和保證人大依法行使立法權、監督權、決定權、任免權，更好發揮人大代表作用，使各級人大及其常委會成為全面擔負起憲法法律賦予的各項職責的工作機關，成為同人民群眾保持密切聯繫的代表機關。完善人大專門委員會設置，優化人大常委會和專門委員會組成人員結構。

（三）發揮社會主義協商民主重要作用。有事好商量，眾人的事情由眾人商量，是人民民主的真諦。協商民主是實現黨的領導的重要方式，是我國社會主義民主政治的特有形式和獨特優勢。要推動協商民主廣泛、多層、制度化發展，統籌推進政黨協商、人大協商、政府協商、政協協商、人民團體協商、基層協商以及社會組織協商。加強協商民主制度建設，形成完整的制度程式和參與實踐，保證人民在日常政治生活中有廣泛持續深入參與的權利。

人民政協是具有中國特色的制度安排，是社會主義協商民主的重要管道和專門協商機構。人民政協工作要聚焦黨和國家中心任務，圍繞團結和民主兩大主題，把協商民主貫穿政治協商、民主監督、參政

議政全過程，完善協商議政內容和形式，著力增進共識、促進團結。加強人民政協民主監督，重點監督黨和國家重大方針政策和重要決策部署的貫徹落實。增強人民政協界別的代表性，加強委員隊伍建設。

（四）深化依法治國實踐。全面依法治國是國家治理的一場深刻革命，必須堅持厲行法治，推進科學立法、嚴格執法、公正司法、全民守法。成立中央全面依法治國領導小組，加強對法治中國建設的統一領導。加強憲法實施和監督，推進合憲性審查工作，維護憲法權威。推進科學立法、民主立法、依法立法，以良法促進發展、保障善治。建設法治政府，推進依法行政，嚴格規範公正文明執法。深化司法體制綜合配套改革，全面落實司法責任制，努力讓人民群眾在每一個司法案件中感受到公平正義。加大全民普法力度，建設社會主義法治文化，樹立憲法法律至上、法律面前人人平等的法治理念。各級黨組織和全體黨員要帶頭尊法學法守法用法，任何組織和個人都不得有超越憲法法律的特權，絕不允許以言代法、以權壓法、逐利違法、徇私枉法。

（五）深化機構和行政體制改革。統籌考慮各類機構設置，科學配置黨政部門及內設機構權力、明確職責。統籌使用各類編制資源，形成科學合理的管理體制，完善國家機構組織法。轉變政府職能，深化簡政放權，創新監管方式，增強政府公信力和執行力，建設人民滿意的服務型政府。賦予省級及以下政府更多自主權。在省市縣對職能相近的黨政機關探索合併設立或合署辦公。深化事業單位改革，強化公益屬性，推進政事分開、事企分開、管辦分離。

（六）鞏固和發展愛國統一戰線。統一戰線是黨的事業取得勝利的重要法寶，必須長期堅持。要高舉愛國主義、社會主義旗幟，牢牢

把握大團結大聯合的主題，堅持一致性和多樣性統一，找到最大公約數，畫出最大同心圓。堅持長期共存、互相監督、肝膽相照、榮辱與共，支持民主黨派按照中國特色社會主義參政黨要求更好履行職能。全面貫徹黨的民族政策，深化民族團結進步教育，鑄牢中華民族共同體意識，加強各民族交往交流交融，促進各民族像石榴籽一樣緊緊抱在一起，共同團結奮鬥、共同繁榮發展。全面貫徹黨的宗教工作基本方針，堅持我國宗教的中國化方向，積極引導宗教與社會主義社會相適應。加強黨外知識份子工作，做好新的社會階層人士工作，發揮他們在中國特色社會主義事業中的重要作用。構建親清新型政商關係，促進非公有制經濟健康發展和非公有制經濟人士健康成長。廣泛團結聯繫海外僑胞和歸僑僑眷，共同致力於中華民族偉大復興。

同志們！中國特色社會主義政治制度是中國共產黨和中國人民的偉大創造。我們完全有信心、有能力把我國社會主義民主政治的優勢和特點充分發揮出來，為人類政治文明進步作出充滿中國智慧的貢獻！

七、堅定文化自信，推動社會主義文化繁榮興盛

文化是一個國家、一個民族的靈魂。文化興國運興，文化強民族強。沒有高度的文化自信，沒有文化的繁榮興盛，就沒有中華民族偉大復興。要堅持中國特色社會主義文化發展道路，激發全民族文化創新創造活力，建設社會主義文化強國。

中國特色社會主義文化，源自於中華民族五千多年文明歷史所孕育的中華優秀傳統文化，熔鑄于黨領導人民在革命、建設、改革中創

造的革命文化和社會主義先進文化，植根於中國特色社會主義偉大實踐。發展中國特色社會主義文化，就是以馬克思主義為指導，堅守中華文化立場，立足當代中國現實，結合當今時代條件，發展面向現代化、面向世界、面向未來的，民族的科學的大眾的社會主義文化，推動社會主義精神文明和物質文明協調發展。要堅持為人民服務、為社會主義服務，堅持百花齊放、百家爭鳴，堅持創造性轉化、創新性發展，不斷鑄就中華文化新輝煌。

（一）牢牢掌握意識形態工作領導權。意識形態決定文化前進方向和發展道路。必須推進馬克思主義中國化時代化大眾化，建設具有強大凝聚力和引領力的社會主義意識形態，使全體人民在理想信念、價值理念、道德觀念上緊緊團結在一起。要加強理論武裝，推動新時代中國特色社會主義思想深入人心。深化馬克思主義理論研究和建設，加快構建中國特色哲學社會科學，加強中國特色新型智庫建設。堅持正確輿論導向，高度重視傳播手段建設和創新，提高新聞輿論傳播力、引導力、影響力、公信力。加強互聯網內容建設，建立網路綜合治理體系，營造清朗的網路空間。落實意識形態工作責任制，加強陣地建設和管理，注意區分政治原則問題、思想認識問題、學術觀點問題，旗幟鮮明反對和抵制各種錯誤觀點。

（二）培育和踐行社會主義核心價值觀。社會主義核心價值觀是當代中國精神的集中體現，凝結著全體人民共同的價值追求。要以培養擔當民族復興大任的時代新人為著眼點，強化教育引導、實踐養成、制度保障，發揮社會主義核心價值觀對國民教育、精神文明創建、精神文化產品創作生產傳播的引領作用，把社會主義核心價值觀融入社會發展各方面，轉化為人們的情感認同和行為習慣。堅持全

民行動、幹部帶頭，從家庭做起，從娃娃抓起。深入挖掘中華優秀傳統文化蘊含的思想觀念、人文精神、道德規範，結合時代要求繼承創新，讓中華文化展現出永久魅力和時代風采。

（三）加強思想道德建設。人民有信仰，國家有力量，民族有希望。要提高人民思想覺悟、道德水準、文明素養，提高全社會文明程度。廣泛開展理想信念教育，深化中國特色社會主義和中國夢宣傳教育，弘揚民族精神和時代精神，加強愛國主義、集體主義、社會主義教育，引導人們樹立正確的歷史觀、民族觀、國家觀、文化觀。深入實施公民道德建設工程，推進社會公德、職業道德、家庭美德、個人品德建設，激勵人們向上向善、孝老愛親，忠於祖國、忠於人民。加強和改進思想政治工作，深化群眾性精神文明創建活動。弘揚科學精神，普及科學知識，開展移風易俗、弘揚時代新風行動，抵制腐朽落後文化侵蝕。推進誠信建設和志願服務制度化，強化社會責任意識、規則意識、奉獻意識。

（四）繁榮發展社會主義文藝。社會主義文藝是人民的文藝，必須堅持以人民為中心的創作導向，在深入生活、扎根人民中進行無愧於時代的文藝創造。要繁榮文藝創作，堅持思想精深、藝術精湛、制作精良相統一，加強現實題材創作，不斷推出謳歌黨、謳歌祖國、謳歌人民、謳歌英雄的精品力作。發揚學術民主、藝術民主，提升文藝原創力，推動文藝創新。宣導講品位、講格調、講責任，抵制低俗、庸俗、媚俗。加強文藝隊伍建設，造就一大批德藝雙馨名家大師，培育一大批高水準創作人才。

（五）推動文化事業和文化產業發展。滿足人民過上美好生活的新期待，必須提供豐富的精神食糧。要深化文化體制改革，完善文

化管理體制，加快構建把社會效益放在首位、社會效益和經濟效益相統一的體制機制。完善公共文化服務體系，深入實施文化惠民工程，豐富群眾性文化活動。加強文物保護利用和文化遺產保護傳承。健全現代文化產業體系和市場體系，創新生產經營機制，完善文化經濟政策，培育新型文化業態。廣泛開展全民健身活動，加快推進體育強國建設，籌辦好北京冬奧會、冬殘奧會。加強中外人文交流，以我為主、兼收並蓄。推進國際傳播能力建設，講好中國故事，展現真實、立體、全面的中國，提高國家文化軟實力。

同志們！中國共產黨從成立之日起，既是中國先進文化的積極引領者和踐行者，又是中華優秀傳統文化的忠實傳承者和弘揚者。當代中國共產黨人和中國人民應該而且一定能夠擔負起新的文化使命，在實踐創造中進行文化創造，在歷史進步中實現文化進步！

八、提高保障和改善民生水準，加強和創新社會治理

全黨必須牢記，為什麼人的問題，是檢驗一個政黨、一個政權性質的試金石。帶領人民創造美好生活，是我們黨始終不渝的奮鬥目標。必須始終把人民利益擺在至高無上的地位，讓改革發展成果更多更公平惠及全體人民，朝著實現全體人民共同富裕不斷邁進。

保障和改善民生要抓住人民最關心最直接最現實的利益問題，既盡力而為，又量力而行，一件事情接著一件事情辦，一年接著一年幹。堅持人人盡責、人人享有，堅守底線、突出重點、完善制度、引導預期，完善公共服務體系，保障群眾基本生活，不斷滿足人民日益增長的美好生活需要，不斷促進社會公平正義，形成有效的社會治理、

良好的社會秩序，使人民獲得感、幸福感、安全感更加充實、更有保障、更可持續。

（一）優先發展教育事業。建設教育強國是中華民族偉大復興的基礎工程，必須把教育事業放在優先位置，深化教育改革，加快教育現代化，辦好人民滿意的教育。要全面貫徹黨的教育方針，落實立德樹人根本任務，發展素質教育，推進教育公平，培養德智體美全面發展的社會主義建設者和接班人。推動城鄉義務教育一體化發展，高度重視農村義務教育，辦好學前教育、特殊教育和網路教育，普及高中階段教育，努力讓每個孩子都能享有公平而有品質的教育。完善職業教育和培訓體系，深化產教融合、校企合作。加快一流大學和一流學科建設，實現高等教育內涵式發展。健全學生資助制度，使絕大多數城鄉新增勞動力接受高中階段教育、更多接受高等教育。支援和規範社會力量興辦教育。加強師德師風建設，培養高素質教師隊伍，宣導全社會尊師重教。辦好繼續教育，加快建設學習型社會，大力提高國民素質。

（二）提高就業品質和人民收入水準。就業是最大的民生。要堅持就業優先戰略和積極就業政策，實現更高品質和更充分就業。大規模開展職業技能培訓，注重解決結構性就業矛盾，鼓勵創業帶動就業。提供全方位公共就業服務，促進高校畢業生等青年群體、農民工多管道就業創業。破除妨礙勞動力、人才社會性流動的體制機制弊端，使人人都有通過辛勤勞動實現自身發展的機會。完善政府、工會、企業共同參與的協商協調機制，構建和諧勞動關係。堅持按勞分配原則，完善按要素分配的體制機制，促進收入分配更合理、更有序。鼓勵勤勞守法致富，擴大中等收入群體，增加低收入者收入，調節過高收

入，取締非法收入。堅持在經濟增長的同時實現居民收入同步增長、在勞動生產率提高的同時實現勞動報酬同步提高。拓寬居民勞動收入和財產性收入管道。履行好政府再分配調節職能，加快推進基本公共服務均等化，縮小收入分配差距。

（三）加強社會保障體系建設。按照兜底線、織密網、建機制的要求，全面建成覆蓋全民、城鄉統籌、權責清晰、保障適度、可持續的多層次社會保障體系。全面實施全民參保計畫。完善城鎮職工基本養老保險和城鄉居民基本養老保險制度，儘快實現養老保險全國統籌。完善統一的城鄉居民基本醫療保險制度和大病保險制度。完善失業、工傷保險制度。建立全國統一的社會保險公共服務平臺。統籌城鄉社會救助體系，完善最低生活保障制度。堅持男女平等基本國策，保障婦女兒童合法權益。完善社會救助、社會福利、慈善事業、優撫安置等制度，健全農村留守兒童和婦女、老年人關愛服務體系。發展殘疾人事業，加強殘疾康復服務。堅持房子是用來住的、不是用來炒的定位，加快建立多主體供給、多管道保障、租購並舉的住房制度，讓全體人民住有所居。

（四）堅決打贏脫貧攻堅戰。讓貧困人口和貧困地區同全國一道進入全面小康社會是我們黨的莊嚴承諾。要動員全黨全國全社會力量，堅持精准扶貧、精准脫貧，堅持中央統籌省負總責市縣抓落實的工作機制，強化黨政一把手負總責的責任制，堅持大扶貧格局，注重扶貧同扶志、扶智相結合，深入實施東西部扶貧協作，重點攻克深度貧困地區脫貧任務，確保到二○二○年我國現行標準下農村貧困人口實現脫貧，貧困縣全部摘帽，解決區域性整體貧困，做到脫真貧、真脫貧。

（五）實施健康中國戰略。人民健康是民族昌盛和國家富強的重要標誌。要完善國民健康政策，為人民群眾提供全方位全週期健康服務。深化醫藥衛生體制改革，全面建立中國特色基本醫療衛生制度、醫療保障制度和優質高效的醫療衛生服務體系，健全現代醫院管理制度。加強基層醫療衛生服務體系和全科醫生隊伍建設。全面取消以藥養醫，健全藥品供應保障制度。堅持預防為主，深入開展愛國衛生運動，宣導健康文明生活方式，預防控制重大疾病。實施食品安全戰略，讓人民吃得放心。堅持中西醫並重，傳承發展中醫藥事業。支持社會辦醫，發展健康產業。促進生育政策和相關經濟社會政策配套銜接，加強人口發展戰略研究。積極應對人口老齡化，構建養老、孝老、敬老政策體系和社會環境，推進醫養結合，加快老齡事業和產業發展。

（六）打造共建共治共用的社會治理格局。加強社會治理制度建設，完善黨委領導、政府負責、社會協同、公眾參與、法治保障的社會治理體制，提高社會治理社會化、法治化、智慧化、專業化水準。加強預防和化解社會矛盾機制建設，正確處理人民內部矛盾。樹立安全發展理念，弘揚生命至上、安全第一的思想，健全公共安全體系，完善安全生產責任制，堅決遏制重特大安全事故，提升防災減災救災能力。加快社會治安防控體系建設，依法打擊和懲治黃賭毒黑拐騙等違法犯罪活動，保護人民人身權、財產權、人格權。加強社會心理服務體系建設，培育自尊自信、理性平和、積極向上的社會心態。加強社區治理體系建設，推動社會治理重心向基層下移，發揮社會組織作用，實現政府治理和社會調節、居民自治良性互動。

（七）有效維護國家安全。國家安全是安邦定國的重要基石，維

護國家安全是全國各族人民根本利益所在。要完善國家安全戰略和國家安全政策，堅決維護國家政治安全，統籌推進各項安全工作。健全國家安全體系，加強國家安全法治保障，提高防範和抵禦安全風險能力。嚴密防範和堅決打擊各種滲透顛覆破壞活動、暴力恐怖活動、民族分裂活動、宗教極端活動。加強國家安全教育，增強全黨全國人民國家安全意識，推動全社會形成維護國家安全的強大合力。

同志們！黨的一切工作必須以最廣大人民根本利益為最高標準。我們要堅持把人民群眾的小事當作自己的大事，從人民群眾關心的事情做起，從讓人民群眾滿意的事情做起，帶領人民不斷創造美好生活！

九、加快生態文明體制改革，建設美麗中國

人與自然是生命共同體，人類必須尊重自然、順應自然、保護自然。人類只有遵循自然規律才能有效防止在開發利用自然上走彎路，人類對大自然的傷害最終會傷及人類自身，這是無法抗拒的規律。

我們要建設的現代化是人與自然和諧共生的現代化，既要創造更多物質財富和精神財富以滿足人民日益增長的美好生活需要，也要提供更多優質生態產品以滿足人民日益增長的優美生態環境需要。必須堅持節約優先、保護優先、自然恢復為主的方針，形成節約資源和保護環境的空間格局、產業結構、生產方式、生活方式，還自然以寧靜、和諧、美麗。

（一）推進綠色發展。加快建立綠色生產和消費的法律制度和政策導向，建立健全綠色低碳循環發展的經濟體系。構建市場導向的綠

色技術創新體系，發展綠色金融，壯大節能環保產業、清潔生產產業、清潔能源產業。推進能源生產和消費革命，構建清潔低碳、安全高效的能源體系。推進資源全面節約和循環利用，實施國家節水行動，降低能耗、物耗，實現生產系統和生活系統循環連結。宣導簡約適度、綠色低碳的生活方式，反對奢侈浪費和不合理消費，開展創建節約型機關、綠色家庭、綠色學校、綠色社區和綠色出行等行動。

（二）著力解決突出環境問題。堅持全民共治、源頭防治，持續實施大氣污染防治行動，打贏藍天保衛戰。加快水污染防治，實施流域環境和近岸海域綜合治理。強化土壤污染管控和修復，加強農業面源污染防治，開展農村人居環境整治行動。加強固體廢棄物和垃圾處置。提高污染排放標準，強化排污者責任，健全環保信用評價、資訊強制性披露、嚴懲重罰等制度。構建政府為主導、企業為主體、社會組織和公眾共同參與的環境治理體系。積極參與全球環境治理，落實減排承諾。

（三）加大生態系統保護力度。實施重要生態系統保護和修復重大工程，優化生態安全屏障體系，構建生態廊道和生物多樣性保護網絡，提升生態系統品質和穩定性。完成生態保護紅線、永久基本農田、城鎮開發邊界三條控制線劃定工作。開展國土綠化行動，推進荒漠化、石漠化、水土流失綜合治理，強化濕地保護和恢復，加強地質災害防治。完善天然林保護制度，擴大退耕還林還草。嚴格保護耕地，擴大輪作休耕試點，健全耕地草原森林河流湖泊休養生息制度，建立市場化、多元化生態補償機制。

（四）改革生態環境監管體制。加強對生態文明建設的總體設計和組織領導，設立國有自然資源資產管理和自然生態監管機構，完善

生態環境管理制度，統一行使全民所有自然資源資產所有者職責，統一行使所有國土空間用途管制和生態保護修復職責，統一行使監管城鄉各類污染排放和行政執法職責。構建國土空間開發保護制度，完善主體功能區配套政策，建立以國家公園為主體的自然保護地體系。堅決制止和懲處破壞生態環境行為。

同志們！生態文明建設功在當代、利在千秋。我們要牢固樹立社會主義生態文明觀，推動形成人與自然和諧發展現代化建設新格局，為保護生態環境作出我們這代人的努力！

十、堅持走中國特色強軍之路，全面推進國防和軍隊現代化

國防和軍隊建設正站在新的歷史起點上。面對國家安全環境的深刻變化，面對強國強軍的時代要求，必須全面貫徹新時代黨的強軍思想，貫徹新形勢下軍事戰略方針，建設強大的現代化陸軍、海軍、空軍、火箭軍和戰略支援部隊，打造堅強高效的戰區聯合作戰指揮機構，構建中國特色現代作戰體系，擔當起黨和人民賦予的新時代使命任務。

適應世界新軍事革命發展趨勢和國家安全需求，提高建設品質和效益，確保到二〇二〇年基本實現機械化，資訊化建設取得重大進展，戰略能力有大的提升。同國家現代化進程相一致，全面推進軍事理論現代化、軍隊組織形態現代化、軍事人員現代化、武器裝備現代化，力爭到二〇三五年基本實現國防和軍隊現代化，到本世紀中葉把人民軍隊全面建成世界一流軍隊。

目標

　　加強軍隊黨的建設，開展「傳承紅色基因、擔當強軍重任」主題教育，推進軍人榮譽體系建設，培養有靈魂、有本事、有血性、有品德的新時代革命軍人，永葆人民軍隊性質、宗旨、本色。繼續深化國防和軍隊改革，深化軍官職業化制度、文職人員制度、兵役制度等重大政策制度改革，推進軍事管理革命，完善和發展中國特色社會主義軍事制度。樹立科技是核心戰鬥力的思想，推進重大技術創新、自主創新，加強軍事人才培養體系建設，建設創新型人民軍隊。全面從嚴治軍，推動治軍方式根本性轉變，提高國防和軍隊建設法治化水準。

　　軍隊是要準備打仗的，一切工作都必須堅持戰鬥力標準，向能打仗、打勝仗聚焦。扎實做好各戰略方向軍事鬥爭準備，統籌推進傳統安全領域和新型安全領域軍事鬥爭準備，發展新型作戰力量和保障力量，開展實戰化軍事訓練，加強軍事力量運用，加快軍事智慧化發展，提高基於網路資訊體系的聯合作戰能力、全域作戰能力，有效塑造態勢、管控危機、遏制戰爭、打贏戰爭。

　　堅持富國和強軍相統一，強化統一領導、頂層設計、改革創新和重大項目落實，深化國防科技工業改革，形成軍民融合深度發展格局，構建一體化的國家戰略體系和能力。完善國防動員體系，建設強大穩固的現代邊海空防。組建退役軍人管理保障機構，維護軍人軍屬合法權益，讓軍人成為全社會尊崇的職業。深化武警部隊改革，建設現代化武裝員警部隊。

　　同志們！我們的軍隊是人民軍隊，我們的國防是全民國防。我們要加強全民國防教育，鞏固軍政軍民團結，為實現中國夢強軍夢凝聚強大力量！

十一、堅持「一國兩制」，推進祖國統一

香港、澳門回歸祖國以來，「一國兩制」實踐取得舉世公認的成功。事實證明，「一國兩制」是解決歷史遺留的香港、澳門問題的最佳方案，也是香港、澳門回歸後保持長期繁榮穩定的最佳制度。

保持香港、澳門長期繁榮穩定，必須全面準確貫徹「一國兩制」、「港人治港」、「澳人治澳」、高度自治的方針，嚴格依照憲法和基本法辦事，完善與基本法實施相關的制度和機制。要支持特別行政區政府和行政長官依法施政、積極作為，團結帶領香港、澳門各界人士齊心協力謀發展、促和諧，保障和改善民生，有序推進民主，維護社會穩定，履行維護國家主權、安全、發展利益的憲制責任。

香港、澳門發展同內地發展緊密相連。要支持香港、澳門融入國家發展大局，以粵港澳大灣區建設、粵港澳合作、泛珠三角區域合作等為重點，全面推進內地同香港、澳門互利合作，制定完善便利香港、澳門居民在內地發展的政策措施。

我們堅持愛國者為主體的「港人治港」、「澳人治澳」，發展壯大愛國愛港愛澳力量，增強香港、澳門同胞的國家意識和愛國精神，讓香港、澳門同胞同祖國人民共擔民族復興的歷史責任、共用祖國繁榮富強的偉大榮光。

解決臺灣問題、實現祖國完全統一，是全體中華兒女共同願望，是中華民族根本利益所在。必須繼續堅持「和平統一、一國兩制」方針，推動兩岸關係和平發展，推進祖國和平統一進程。

一個中國原則是兩岸關係的政治基礎。體現一個中國原則的「九二共識」明確界定了兩岸關係的根本性質，是確保兩岸關係和平發展的

關鍵。承認「九二共識」的歷史事實，認同兩岸同屬一個中國，兩岸雙方就能開展對話，協商解決兩岸同胞關心的問題，臺灣任何政黨和團體同大陸交往也不會存在障礙。

兩岸同胞是命運與共的骨肉兄弟，是血濃於水的一家人。我們秉持「兩岸一家親」理念，尊重臺灣現有的社會制度和臺灣同胞生活方式，願意率先同臺灣同胞分享大陸發展的機遇。我們將擴大兩岸經濟文化交流合作，實現互利互惠，逐步為臺灣同胞在大陸學習、創業、就業、生活提供與大陸同胞同等的待遇，增進臺灣同胞福祉。我們將推動兩岸同胞共同弘揚中華文化，促進心靈契合。

我們堅決維護國家主權和領土完整，絕不容忍國家分裂的歷史悲劇重演。一切分裂祖國的活動都必將遭到全體中國人堅決反對。我們有堅定的意志、充分的信心、足夠的能力挫敗任何形式的「臺獨」分裂圖謀。我們絕不允許任何人、任何組織、任何政黨、在任何時候、以任何形式、把任何一塊中國領土從中國分裂出去！

同志們！實現中華民族偉大復興，是全體中國人共同的夢想。我們堅信，只要包括港澳臺同胞在內的全體中華兒女順應歷史大勢、共擔民族大義，把民族命運牢牢掌握在自己手中，就一定能夠共創中華民族偉大復興的美好未來！

十二、堅持和平發展道路，推動構建人類命運共同體

中國共產黨是為中國人民謀幸福的政黨，也是為人類進步事業而奮鬥的政黨。中國共產黨始終把為人類作出新的更大的貢獻作為自己的使命。

　　中國將高舉和平、發展、合作、共贏的旗幟，恪守維護世界和平、促進共同發展的外交政策宗旨，堅定不移在和平共處五項原則基礎上發展同各國的友好合作，推動建設相互尊重、公平正義、合作共贏的新型國際關係。

　　世界正處於大發展大變革大調整時期，和平與發展仍然是時代主題。世界多極化、經濟全球化、社會資訊化、文化多樣化深入發展，全球治理體系和國際秩序變革加速推進，各國相互聯繫和依存日益加深，國際力量對比更趨平衡，和平發展大勢不可逆轉。同時，世界面臨的不穩定性不確定性突出，世界經濟增長動能不足，貧富分化日益嚴重，地區熱點問題此起彼伏，恐怖主義、網路安全、重大傳染性疾病、氣候變化等非傳統安全威脅持續蔓延，人類面臨許多共同挑戰。

　　我們生活的世界充滿希望，也充滿挑戰。我們不能因現實複雜而放棄夢想，不能因理想遙遠而放棄追求。沒有哪個國家能夠獨自應對人類面臨的各種挑戰，也沒有哪個國家能夠退回到自我封閉的孤島。我們呼籲，各國人民同心協力，構建人類命運共同體，建設持久和平、普遍安全、共同繁榮、開放包容、清潔美麗的世界。要相互尊重、平等協商，堅決摒棄冷戰思維和強權政治，走對話而不對抗、結伴而不結盟的國與國交往新路。要堅持以對話解決爭端、以協商化解分歧，統籌應對傳統和非傳統安全威脅，反對一切形式的恐怖主義。要同舟共濟，促進貿易和投資自由化便利化，推動經濟全球化朝著更加開放、包容、普惠、平衡、共贏的方向發展。要尊重世界文明多樣性，以文明交流超越文明隔閡、文明互鑒超越文明衝突、文明共存超越文明優越。要堅持環境友好，合作應對氣候變化，保護好人類賴以生存的地球家園。

目標

中國堅定奉行獨立自主的和平外交政策，尊重各國人民自主選擇發展道路的權利，維護國際公平正義，反對把自己的意志強加於人，反對干涉別國內政，反對以強淩弱。中國決不會以犧牲別國利益為代價來發展自己，也決不放棄自己的正當權益，任何人不要幻想讓中國吞下損害自身利益的苦果。中國奉行防禦性的國防政策。中國發展不對任何國家構成威脅。中國無論發展到什麼程度，永遠不稱霸，永遠不搞擴張。

中國積極發展全球夥伴關係，擴大同各國的利益交匯點，推進大國協調和合作，構建總體穩定、均衡發展的大國關係框架，按照親誠惠容理念和與鄰為善、以鄰為伴周邊外交方針深化同周邊國家關係，秉持正確義利觀和真實親誠理念加強同發展中國家團結合作。加強同各國政黨和政治組織的交流合作，推進人大、政協、軍隊、地方、人民團體等的對外交往。中國堅持對外開放的基本國策，堅持打開國門搞建設，積極促進「一帶一路」國際合作，努力實現政策溝通、設施聯通、貿易暢通、資金融通、民心相通，打造國際合作新平臺，增添共同發展新動力。加大對發展中國家特別是最不發達國家援助力度，促進縮小南北發展差距。中國支援多邊貿易體制，促進自由貿易區建設，推動建設開放型世界經濟。

中國秉持共商共建共用的全球治理觀，宣導國際關係民主化，堅持國家不分大小、強弱、貧富一律平等，支持聯合國發揮積極作用，支援擴大發展中國家在國際事務中的代表性和發言權。中國將繼續發揮負責任大國作用，積極參與全球治理體系改革和建設，不斷貢獻中國智慧和力量。

同志們！世界命運握在各國人民手中，人類前途繫於各國人民的

抉擇。中國人民願同各國人民一道，推動人類命運共同體建設，共同創造人類的美好未來！

十三、堅定不移全面從嚴治黨，不斷提高黨的執政能力和領導水準

中國特色社會主義進入新時代，我們黨一定要有新氣象新作為。打鐵必須自身硬。黨要團結帶領人民進行偉大鬥爭、推進偉大事業、實現偉大夢想，必須毫不動搖堅持和完善黨的領導，毫不動搖把黨建設得更加堅強有力。

全面從嚴治黨永遠在路上。一個政黨，一個政權，其前途命運取決于人心向背。人民群眾反對什麼、痛恨什麼，我們就要堅決防範和糾正什麼。全黨要清醒認識到，我們黨面臨的執政環境是複雜的，影響黨的先進性、弱化黨的純潔性的因素也是複雜的，黨內存在的思想不純、組織不純、作風不純等突出問題尚未得到根本解決。要深刻認識黨面臨的執政考驗、改革開放考驗、市場經濟考驗、外部環境考驗的長期性和複雜性，深刻認識黨面臨的精神懈怠危險、能力不足危險、脫離群眾危險、消極腐敗危險的尖銳性和嚴峻性，堅持問題導向，保持戰略定力，推動全面從嚴治黨向縱深發展。

新時代黨的建設總要求是：堅持和加強黨的全面領導，堅持黨要管黨、全面從嚴治黨，以加強黨的長期執政能力建設、先進性和純潔性建設為主線，以黨的政治建設為統領，以堅定理想信念宗旨為根基，以調動全黨積極性、主動性、創造性為著力點，全面推進黨的政治建設、思想建設、組織建設、作風建設、紀律建設，把制度建設貫

穿其中，深入推進反腐敗鬥爭，不斷提高黨的建設品質，把黨建設成為始終走在時代前列、人民衷心擁護、勇於自我革命、經得起各種風浪考驗、朝氣蓬勃的馬克思主義執政黨。

（一）把黨的政治建設擺在首位。旗幟鮮明講政治是我們黨作為馬克思主義政黨的根本要求。黨的政治建設是黨的根本性建設，決定黨的建設方向和效果。保證全黨服從中央，堅持黨中央權威和集中統一領導，是黨的政治建設的首要任務。全黨要堅定執行黨的政治路線，嚴格遵守政治紀律和政治規矩，在政治立場、政治方向、政治原則、政治道路上同黨中央保持高度一致。要尊崇黨章，嚴格執行新形勢下黨內政治生活若干準則，增強黨內政治生活的政治性、時代性、原則性、戰鬥性，自覺抵制商品交換原則對黨內生活的侵蝕，營造風清氣正的良好政治生態。完善和落實民主集中制的各項制度，堅持民主基礎上的集中和集中指導下的民主相結合，既充分發揚民主，又善于集中統一。弘揚忠誠老實、公道正派、實事求是、清正廉潔等價值觀，堅決防止和反對個人主義、分散主義、自由主義、本位主義、好人主義，堅決防止和反對宗派主義、圈子文化、碼頭文化，堅決反對搞兩面派、做兩面人。全黨同志特別是高級幹部要加強黨性鍛煉，不斷提高政治覺悟和政治能力，把對黨忠誠、為黨分憂、為黨盡職、為民造福作為根本政治擔當，永葆共產黨人政治本色。

（二）用新時代中國特色社會主義思想武裝全黨。思想建設是黨的基礎性建設。革命理想高於天。共產主義遠大理想和中國特色社會主義共同理想，是中國共產黨人的精神支柱和政治靈魂，也是保持黨的團結統一的思想基礎。要把堅定理想信念作為黨的思想建設的首要任務，教育引導全黨牢記黨的宗旨，挺起共產黨人的精神脊梁，解決

好世界觀、人生觀、價值觀這個「總開關」問題，自覺做共產主義遠大理想和中國特色社會主義共同理想的堅定信仰者和忠實實踐者。弘揚馬克思主義學風，推進「兩學一做」學習教育常態化制度化，以縣處級以上領導幹部為重點，在全黨開展「不忘初心、牢記使命」主題教育，用黨的創新理論武裝頭腦，推動全黨更加自覺地為實現新時代黨的歷史使命不懈奮鬥。

（三）建設高素質專業化幹部隊伍。黨的幹部是黨和國家事業的中堅力量。要堅持黨管幹部原則，堅持德才兼備、以德為先，堅持五湖四海、任人唯賢，堅持事業為上、公道正派，把好幹部標準落到實處。堅持正確選人用人導向，匡正選人用人風氣，突出政治標準，提拔重用牢固樹立「四個意識」和「四個自信」、堅決維護黨中央權威、全面貫徹執行黨的理論和路線方針政策、忠誠乾淨擔當的幹部，選優配強各級領導班子。注重培養專業能力、專業精神，增強幹部隊伍適應新時代中國特色社會主義發展要求的能力。大力發現儲備年輕幹部，注重在基層一線和困難艱苦的地方培養鍛煉年輕幹部，源源不斷選拔使用經過實踐考驗的優秀年輕幹部。統籌做好培養選拔女幹部、少數民族幹部和黨外幹部工作。認真做好離退休幹部工作。堅持嚴管和厚愛結合、激勵和約束並重，完善幹部考核評價機制，建立激勵機制和容錯糾錯機制，旗幟鮮明為那些敢於擔當、踏實做事、不謀私利的幹部撐腰鼓勁。各級黨組織要關心愛護基層幹部，主動為他們排憂解難。

人才是實現民族振興、贏得國際競爭主動的戰略資源。要堅持黨管人才原則，聚天下英才而用之，加快建設人才強國。實行更加積極、更加開放、更加有效的人才政策，以識才的慧眼、愛才的誠意、

用才的膽識、容才的雅量、聚才的良方，把黨內和黨外、國內和國外各方面優秀人才集聚到黨和人民的偉大奮鬥中來，鼓勵引導人才向邊遠貧困地區、邊疆民族地區、革命老區和基層一線流動，努力形成人人渴望成才、人人努力成才、人人皆可成才、人人盡展其才的良好局面，讓各類人才的創造活力競相迸發、聰明才智充分湧流。

（四）加強基層組織建設。黨的基層組織是確保黨的路線方針政策和決策部署貫徹落實的基礎。要以提升組織力為重點，突出政治功能，把企業、農村、機關、學校、科研院所、街道社區、社會組織等基層黨組織建設成為宣傳黨的主張、貫徹黨的決定、領導基層治理、團結動員群眾、推動改革發展的堅強戰鬥堡壘。黨支部要擔負好直接教育黨員、管理黨員、監督黨員和組織群眾、宣傳群眾、凝聚群眾、服務群眾的職責，引導廣大黨員發揮先鋒模範作用。堅持「三會一課」制度，推進黨的基層組織設置和活動方式創新，加強基層黨組織帶頭人隊伍建設，擴大基層黨組織覆蓋面，著力解決一些基層黨組織弱化、虛化、邊緣化問題。擴大黨內基層民主，推進黨務公開，暢通黨員參與黨內事務、監督黨的組織和幹部、向上級黨組織提出意見和建議的管道。注重從產業工人、青年農民、高知識群體中和在非公有制經濟組織、社會組織中發展黨員。加強黨內激勵關懷幫扶。增強黨員教育管理針對性和有效性，穩妥有序開展不合格黨員組織處置工作。

（五）持之以恆正風肅紀。我們黨來自人民、植根人民、服務人民，一旦脫離群眾，就會失去生命力。加強作風建設，必須緊緊圍繞保持黨同人民群眾的血肉聯繫，增強群眾觀念和群眾感情，不斷厚植黨執政的群眾基礎。凡是群眾反映強烈的問題都要嚴肅認真對待，凡是損害群眾利益的行為都要堅決糾正。堅持以上率下，鞏固拓展落實

中央八項規定精神成果，繼續整治「四風」問題，堅決反對特權思想和特權現象。重點強化政治紀律和組織紀律，帶動廉潔紀律、群眾紀律、工作紀律、生活紀律嚴起來。堅持開展批評和自我批評，堅持懲前毖後、治病救人，運用監督執紀「四種形態」，抓早抓小、防微杜漸。賦予有幹部管理許可權的黨組相應紀律處分權限，強化監督執紀問責。加強紀律教育，強化紀律執行，讓黨員、幹部知敬畏、存戒懼、守底線，習慣在受監督和約束的環境中工作生活。

（六）奪取反腐敗鬥爭壓倒性勝利。人民群眾最痛恨腐敗現象，腐敗是我們黨面臨的最大威脅。只有以反腐敗永遠在路上的堅韌和執著，深化標本兼治，保證幹部清正、政府清廉、政治清明，才能跳出歷史週期率，確保黨和國家長治久安。當前，反腐敗鬥爭形勢依然嚴峻複雜，鞏固壓倒性態勢、奪取壓倒性勝利的決心必須堅如磐石。要堅持無禁區、全覆蓋、零容忍，堅持重遏制、強高壓、長震懾，堅持受賄行賄一起查，堅決防止黨內形成利益集團。在市縣黨委建立巡察制度，加大整治群眾身邊腐敗問題力度。不管腐敗分子逃到哪裡，都要緝拿歸案、繩之以法。推進反腐敗國家立法，建設覆蓋紀檢監察系統的檢舉舉報平臺。強化不敢腐的震懾，紮牢不能腐的籠子，增強不想腐的自覺，通過不懈努力換來海晏河清、朗朗乾坤。

（七）健全黨和國家監督體系。增強黨自我淨化能力，根本靠強化黨的自我監督和群眾監督。要加強對權力運行的制約和監督，讓人民監督權力，讓權力在陽光下運行，把權力關進制度的籠子。強化自上而下的組織監督，改進自下而上的民主監督，發揮同級相互監督作用，加強對黨員領導幹部的日常管理監督。深化政治巡視，堅持發現問題、形成震懾不動搖，建立巡視巡察上下聯動的監督網。深化國家

監察體制改革，將試點工作在全國推開，組建國家、省、市、縣監察委員會，同黨的紀律檢查機關合署辦公，實現對所有行使公權力的公職人員監察全覆蓋。制定國家監察法，依法賦予監察委員會職責許可權和調查手段，用留置取代「兩規」措施。改革審計管理體制，完善統計體制。構建黨統一指揮、全面覆蓋、權威高效的監督體系，把黨內監督同國家機關監督、民主監督、司法監督、群眾監督、輿論監督貫通起來，增強監督合力。

（八）全面增強執政本領。領導十三億多人的社會主義大國，我們黨既要政治過硬，也要本領高強。要增強學習本領，在全黨營造善於學習、勇於實踐的濃厚氛圍，建設馬克思主義學習型政黨，推動建設學習大國。增強政治領導本領，堅持戰略思維、創新思維、辯證思維、法治思維、底線思維，科學制定和堅決執行黨的路線方針政策，把黨總攬全域、協調各方落到實處。增強改革創新本領，保持銳意進取的精神風貌，善於結合實際創造性推動工作，善於運用互聯網技術和資訊化手段開展工作。增強科學發展本領，善於貫徹新發展理念，不斷開創發展新局面。增強依法執政本領，加快形成覆蓋黨的領導和黨的建設各方面的黨內法規制度體系，加強和改善對國家政權機關的領導。增強群眾工作本領，創新群眾工作體制機制和方式方法，推動工會、共青團、婦聯等群團組織增強政治性、先進性、群眾性，發揮聯繫群眾的橋樑紐帶作用，組織動員廣大人民群眾堅定不移跟黨走。增強狠抓落實本領，堅持說實話、謀實事、出實招、求實效，把雷厲風行和久久為功有機結合起來，勇於攻堅克難，以釘釘子精神做實做細做好各項工作。增強駕馭風險本領，健全各方面風險防控機制，善於處理各種複雜矛盾，勇於戰勝前進道路上的各種艱難險阻，牢牢把

握工作主動權。

同志們！偉大的事業必須有堅強的黨來領導。只要我們黨把自身建設好、建設強，確保黨始終同人民想在一起、幹在一起，就一定能夠引領承載著中國人民偉大夢想的航船破浪前進，勝利駛向光輝的彼岸！

同志們！中華民族是歷經磨難、不屈不撓的偉大民族，中國人民是勤勞勇敢、自強不息的偉大人民，中國共產黨是敢於鬥爭、敢於勝利的偉大政黨。歷史車輪滾滾向前，時代潮流浩浩蕩蕩。歷史只會眷顧堅定者、奮進者、搏擊者，而不會等待猶豫者、懈怠者、畏難者。全黨一定要保持艱苦奮鬥、戒驕戒躁的作風，以時不我待、只爭朝夕的精神，奮力走好新時代的長征路。全黨一定要自覺維護黨的團結統一，保持黨同人民群眾的血肉聯繫，鞏固全國各族人民大團結，加強海內外中華兒女大團結，團結一切可以團結的力量，齊心協力走向中華民族偉大復興的光明前景。青年興則國家興，青年強則國家強。青年一代有理想、有本領、有擔當，國家就有前途，民族就有希望。中國夢是歷史的、現實的，也是未來的；是我們這一代的，更是青年一代的。中華民族偉大復興的中國夢終將在一代代青年的接力奮鬥中變為現實。全黨要關心和愛護青年，為他們實現人生出彩搭建舞臺。廣大青年要堅定理想信念，志存高遠，腳踏實地，勇做時代的弄潮兒，在實現中國夢的生動實踐中放飛青春夢想，在為人民利益的不懈奮鬥中書寫人生華章！

大道之行，天下為公。站立在九百六十多萬平方公里的廣袤土地上，吸吮著五千多年中華民族漫長奮鬥積累的文化養分，擁有十三億多中國人民聚合的磅礡之力，我們走中國特色社會主義道路，具有無

比廣闊的時代舞臺，具有無比深厚的歷史底蘊，具有無比強大的前進
定力。全黨全國各族人民要緊密團結在黨中央周圍，高舉中國特色社
會主義偉大旗幟，銳意進取，埋頭苦幹，為實現推進現代化建設、完
成祖國統一、維護世界和平與促進共同發展三大歷史任務，為決勝全
面建成小康社會、奪取新時代中國特色社會主義偉大勝利、實現中華
民族偉大復興的中國夢、實現人民對美好生活的嚮往繼續奮鬥！

（新華社北京 10 月 27 日電）

（《人民日報》2017 年 10 月 28 日 01 版）

新社會主義研究叢刊　AA201030

目標——新時代中國共產黨的偉大目標

作　　者　曾憲奎
版權策劃　李換芹

——

發 行 人　林慶彰
總 經 理　梁錦興
總 編 輯　張晏瑞
編 輯 所　萬卷樓圖書（股）公司
排　　版　小漁
封面設計　小漁
印　　刷　百通科技（股）公司

——

出　　版　昌明文化有限公司
　　　　　桃園市龜山區中原街 32 號
電　　話　(02)23216565
發　　行　萬卷樓圖書（股）公司
　　　　　臺北市羅斯福路二段 41 號 6 樓之 3
電　　話　(02)23216565
傳　　真　(02)23218698
電　　郵　SERVICE@WANJUAN.COM.TW
大陸經銷
廈門外圖臺灣書店有限公司
電郵 JKB188@188.COM

——

ISBN 978-986-496-567-0（平裝）
2020 年 4 月初版一刷
定價：新臺幣 380 元

如何購買本書：
1. 劃撥購書，請透過以下帳號
　　帳號：15624015
　　戶名：萬卷樓圖書股份有限公司
2. 轉帳購書，請透過以下帳戶
　　合作金庫銀行古亭分行
　　戶名：萬卷樓圖書股份有限公司
　　帳號：0877717092596
3. 網路購書，請透過萬卷樓網站
　　網址 WWW.WANJUAN.COM.TW
　　大量購書，請直接聯繫，將有專人
　　為您服務。(02)23216565 分機 610

如有缺頁、破損或裝訂錯誤，請寄回
更換

國家圖書館出版品預行編目資料

目標：新時代中國共產黨的偉大目標 /
曾憲奎著 .-- 初版 .-- 桃園市：昌明
文化出版 ；臺北市 ： 萬卷樓發行，
2020.04
面 ； 公分
ISBN 978-986-496-567-0（平裝）
1. 社會主義　2. 中國大陸研究

549. 22　　　　　　　　　 109003885

《目標——新時代中國共產黨的偉大目標》© 簡體中文版2018年1月 第1版　人民日報出版社
本著作物經廈門墨客知識產權代理有限公司代理，由人民日報出版社有限責任公司授權萬卷樓圖書股份
有限公司（臺灣）出版、發行中文繁體字版版權。